Heinrich Bauregger

Chiemgau

Rund um Inzell, Ruhpolding, Reit im Winkl, Marquartstein, Aschau und Sachrang

60 ausgewählte Alm- und Gipfelwanderungen

BERGVERLAG ROTHER GMBH · MÜNCHEN

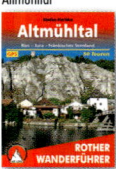
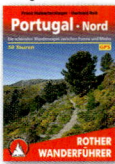

Vorwort

Das Besondere am Chiemgau ist seine Mischung aus anheimelnden Dörfern, zahlreichen Seen und mehr oder weniger steil aufragenden Bergen, von denen die Kampenwand eindeutig das Bild bestimmt. Die Chiemgauer Alpen und ihre Ausläufer – die diese Landschaft nach Süden, also nach Tirol hin, begrenzen – erhielten ihre prägende Überformung in der letzten Eiszeit. Als Folge davon entstanden Trogtäler, Seen, Moränenkränze und Moore. Bergstürze setzten danach noch heute sichtbare Akzente. Ein dichter Waldgürtel bedeckt die Berghänge bis in Gipfelnähe, wobei allerdings keine der Erhebungen die Zweitausendmetergrenze überschreitet. Die Weideflächen von nicht weniger als 250 Almen lockern das Landschaftsbild in reizvoller Weise auf. Seine höchste Erhebung, das Sonntagshorn mit seinen 1961 Metern Höhe, liegt direkt auf der österreichischen Grenze und muss deshalb mit den Bewohnern des Salzburger Landes geteilt werden. Die historischen Grenzen dieser Kulturlandschaft werden aber nicht im engen Sinne ausgelegt. Üblicherweise werden sie wie folgt definiert: das Inntal im Westen, die Landesgrenze zu Tirol im Süden, die Traun im Osten und Tacherting im Norden. Der Chiemgau umfasst also im wesentlichen den Landkreis Traunstein und den östlichen Teil des Landkreises Rosenheim. Das in diesem Wanderführer behandelte Gebiet konzentriert sich jedoch auf seine Bergwelt, reicht im Süden deshalb über die Tiroler Grenze hinaus und deckt somit die gesamten Chiemgauer Alpen ab.

Der markanteste Gipfel auf der bayerischen Seite ist die Kampenwand. Ihr vielgezackter Gipfel, der mit Ausnahme des Ostgipfels jedoch Kletterern vorbehalten ist, wurde bereits vor langer Zeit mit einer Seilbahn zugänglich gemacht. Von ihren Höhen ist nahezu der gesamte Chiemgau im Blick – darunter auch das Herzstück des Chiemgaus, der Chiemsee mit seinen beiden berühmten Inseln, der Frauen- und der Herreninsel – und sie wird bei der Tourenzusammenstellung entsprechend berücksichtigt. Ein dichtes Netz von Wanderwegen, fünf Alpenvereinshäuser sowie einige Privathütten, mehrere Bergbahnen, zahlreiche Berggasthäuser und bewirtschaftete Almen bilden eine touristische Infrastruktur, die für jeden Geschmack das Passende bereithält. Von den Gipfeln der Chiemgauer Alpen eröffnet sich eine Schau in die Ferne, die bis zu den schneebedeckten Gipfeln der Zentralalpen und an klaren Tagen bis hinüber zu den Kuppen des Böhmerwaldes reicht.

München, im Sommer 2015   Heinrich Bauregger

Inhaltsverzeichnis

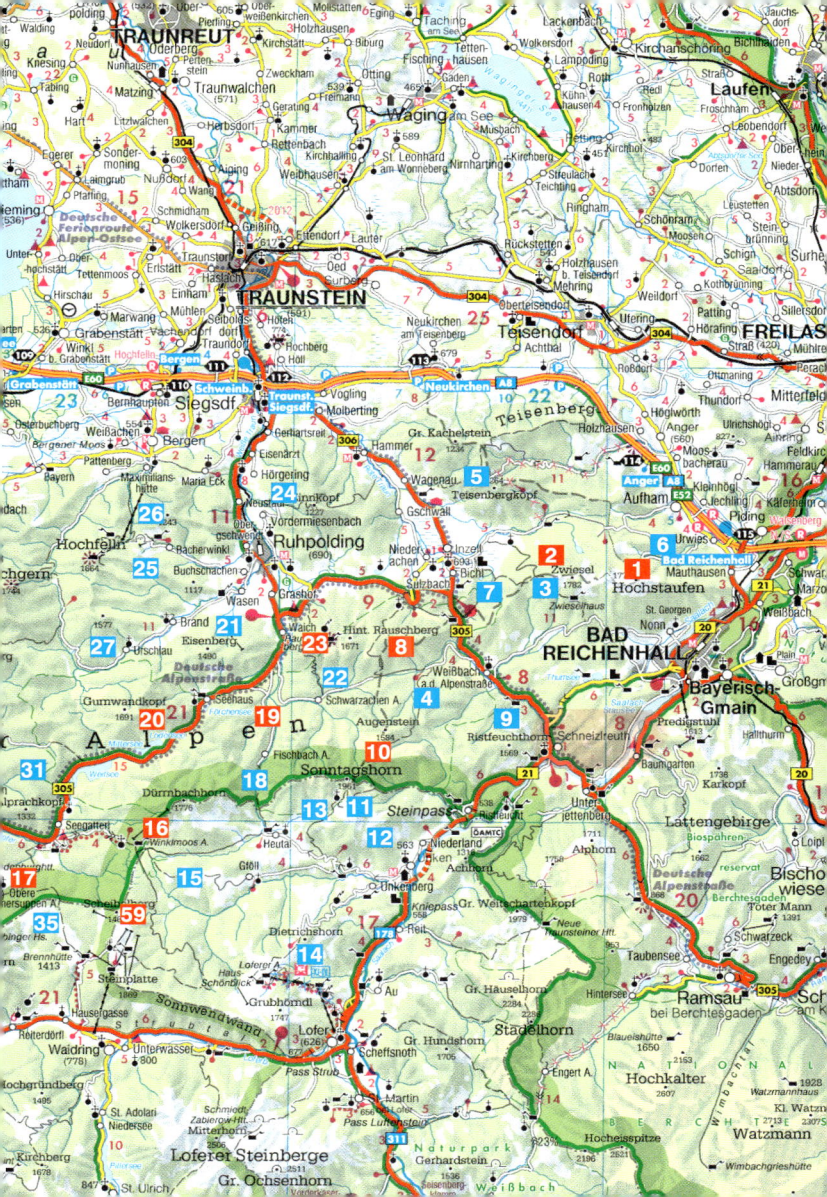

Allgemeine Hinweise

Anforderungen

Die meisten in diesem Wanderführer beschriebenen Wanderungen sind für den Normalwanderer und Spaziergänger ausgewählt. Sie verlaufen auf gut instand gehaltenen und markierten Wegen und Steigen. Dies sollte jedoch nicht darüber hinwegtäuschen, dass manche Stellen Trittsicherheit und Schwindelfreiheit erfordern. Außerdem ist zu beachten, dass die Touren im Frühsommer und im Spätherbst sowie nach längeren Schlechtwetterperioden oder z. B. nach überraschendem Schneefall – der selbst im Sommer vorkommen kann – erhöhte Anforderungen aufweisen können. Um die jeweiligen Anforderungen besser einschätzen zu können, wurden die Tourenvorschläge mit verschiedenen Farben markiert.

Leicht Der Weg ist gut und lückenlos markiert, ausreichend breit und nur mäßig steil, daher auch bei Schlechtwetter relativ problemlos zu begehen. Diese Wege können auch von Kindern und älteren Leuten ohne große Gefahr begangen werden.

Mittel Diese Steige sind ausreichend markiert, überwiegend aber schmal und über kurze Abschnitte etwas ausgesetzt. Kurze Strecken dieser Steige können mit Drahtseilen abgesichert sein und sollten daher nur von trittsicheren Bergwanderern begangen werden.

Schwierig Diese Steige sind ebenfalls ausreichend markiert, aber schmal und über weite Abschnitte steil. Stellenweise können sie sehr ausgesetzt sein, manchmal wird die Zuhilfenahme der Hände notwendig. Dies bedeutet, dass diese Wege nur von absolut trittsicheren, konditionsstarken und alpin erfahrenen Wanderern angegangen werden sollten.

Symbole

🚌	mit Bahn/Bus erreichbar	🚡	Fahrt mit Sessellift
🍴	Einkehrmöglichkeit unterwegs	†	Gipfel
👪	für Kinder geeignet	)(	Pass, Sattel
🏘	Ort mit Einkehrmöglichkeit	♦	Kirche, Kapelle, Marterl/Bildstock
🏠	Einkehrmöglichkeit	☙	Aussichtsplatz
P	Parkplatz	)(	Brücke
🚌	Busanschluss	♒	Wasserfall
🚟	Fahrt mit Seilbahn	〰	Bademöglichkeit

Wegen der vielen Almen gibt es ein gut ausgebautes Wegenetz.

Ausrüstung

Feste Schuhe mit Profilgummisohle (sogenannte Trekkingschuhe), strapazierfähige Hose sowie Rucksack mit Pullover/Fleece, Anorak und kleinerem Tourenproviant (Wasser!) sind bei den meisten Touren Voraussetzung. Außerdem empfiehlt sich die Mitnahme einer Rucksackapotheke, einer Trillerpfeife für die Signalgebung bei Notfällen sowie Wechselwäsche und ein Mobiltelefon. Von Herbst bis Frühjahr ist auch die Mitnahme einer Taschenlampe sinnvoll.

Karten

Die den einzelnen Tourenvorschlägen beigegebenen, mehrfarbigen Karten im Maßstab 1:50.000 bzw. 1:75.000 mit Routeneintragungen sind ein we-

Die Hörndlwand (Bildmitte) hat eine markante Gipfelsilhouette.

sentlicher Bestandteil des Wanderführers. Die Mitnahme anderer Wander- und Spezialkarten ist deshalb nicht unbedingt notwendig. Wer jedoch die gesamte Region erkunden will, sollte sich entsprechende Kartenblätter zulegen, so die topographischen Karten 1:50.000 »Berchtesgadener Alpen« und »Chiemsee – Chiemgauer Alpen« (Landesamt für Digitalisierung, Breitband und Vermessung Bayern) sowie die Freytag & Berndt-Wanderkarte WKD 9 »Chiemsee – Traunstein – Ruhpolding – Chiemgauer Alpen und Seen« im Maßstab 1:50.000 und ggf. deren südliche Anschlusskarten WK 301 und WK 393.

GPS-Tracks

Zu diesem Wanderführer stehen auf der Internetseite des Bergverlag Rother (www.rother.de) GPS-Daten zum kostenlosen Download bereit – Benutzername: **gast** / Passwort: **wfChiem09mfn42**
Sämtliche GPS-Daten wurden auf digitalen Karten erfasst. Verlag und Autor haben die Tracks und Wegpunkte nach bestem Wissen und Gewissen überprüft. Dennoch können wir Fehler oder Abweichungen nicht ausschließen, außerdem können sich die Gegebenheiten vor Ort zwischenzeitlich verändert haben. GPS-Daten sind zwar eine hervorragende Planungs- und Navigationshilfe, erfordern aber nach wie vor sorgfältige Vorbereitung, eigene Orientierungsfähigkeit sowie Sachverstand in der Beurteilung der jeweiligen (Gelände-)Situation. Man sollte sich für die Orientierung auch niemals ausschließlich auf GPS-Gerät und -Daten verlassen.

Top-Touren in den Chiemgauer Alpen

Reichenhaller Haus

Durch die schroffe Nordseite des Hochstaufens – mit großartigem Tiefblick auf das Reichenhaller Becken sowie bis nach Salzburg (Tour 1, 6 Std.).

Almrunde über Weißbach

Abwechslungsreiche Rundtour zu einer Triftklause und drei bewirtschafteten Almen (Tour 4, 3 Std.).

Sonntagshorn aus dem Heutal

Aus einem großartigen Hochtal zum höchsten Gipfel der Chiemgauer Alpen (Tour 13, 4.50 Std.).

Hörndlwand

Eine Runde über den Hausberg der Ruhpoldinger mit Einkehr in der Branderalm (Tour 20, 5.30 Std.).

Schnappenkirche

Zu einem kleinen Wallfahrtskircherl hoch über Marquartstein, das seine heutige Existenz seiner Abgeschiedenheit verdankt. (Tour 28, 3.15 Std.).

Schmugglerweg

Von Ettenhausen entlang des Tiroler Achen zum Wallfahrtsort Klobenstein mit Einkehr (Tour 40, 4 Std.).

Geigelstein (von Ettenhausen)

Eine ausgedehnte Runde über »den« Blumenberg der Chiemgauer Alpen (Tour 41, 6.30 Std.).

Taubensee von Schleching

Zu einem prächtig gelegenen Bergsee an der Tiroler Grenze mit Einkehr und freiem Blick in die Zentralalpen (Tour 42, 4 Std.).

Hohenaschau – Kampenwand

Wanderung bergab an Wahrzeichen der Chiemgauer Alpen mit freiem Blick aufs Alpenvorland (Tour 49, 2.30 Std.).

Spitzstein

Auf einen Aussichtsbalkon in den westlichen Chiemgauern mit »Kaiserblick« und einem Alpenvereinshaus zur Einkehr (Tour 54, 4.30 Std.).

Gehzeit

Die Zeitangaben sind zwar reichlich bemessen, enthalten jedoch nur die reine Gehzeit in durchschnittlicher Geschwindigkeit. Diese können Sie bei den Höhenprofilen ablesen. Es werden Anstiegs-und Abstiegszeiten sowie die Gehzeiten zwischen den einzelnen Etappen angegeben. Am Ende des Profils ist dann die Gesamtgehzeit ersichtlich.

Gefahren

Obwohl die meisten der hier angeführten Wanderungen gebahnten Wegen oder Straßen folgen, ist an einzelnen abrutschbereiten Stellen, bei Querung steiler Hänge oder im steinschlaggefährdeten Gelände Vorsicht am Platze. Besonders gilt dies natürlich, wenn die Wege noch nicht in optimalem Zustand sind, also z. B. im Frühjahr noch Restschneemengen am Weg liegen oder wenn nasse abschüssige Wiesenpfade begangen werden müssen. Nur wenige der hier beschriebenen Wanderungen führen in alpines, das heißt auch felsiges Gelände. Bei überfrierender Nässe stellen glatte Felspartien dann ein besonderes Risiko dar. Im Hochsommer muss neben dem

Notruf

Europäische Notrufnummer Tel. 112 (ohne Vorwahl) oder 19222 (mit jeweiliger Ortsvorwahl).

Alpiner Wetterbericht

Alpenvereinswetterbericht per Telefon 089/295070 oder unter www.alpenverein.de

Hüttenöffnungszeiten

Infos über die Alpine Auskunft des Deutschen Alpenvereins (DAV) unter Tel. 089/294940 oder im Internet auf www.dav-huettensuche.de. Siehe auch allgemein www.alpenverein.de und www.alpenverein.at

Verkehrsverbände

Alle Tourismusämter in der Ferienregion Chiemgau verfügen über eigene Internetseiten. Auch telefonisch kann man dort konkrete Auskünfte erhalten.

Die zentrale Informationsstelle für Unterkünfte, Prospektversand und sowie telefonische und elektronische Anfragen ist der Chiemgau Tourismus e.V.; dort finden Sie auch Links zu den jeweiligen Touristinformationen des in diesem Wanderführer behandelten Gebietes:

Chiemgau Tourismus e. V.
Gabelsbergerstraße 8
83278 Traunstein
Tel. 0861/90 95 90-0
Fax 0861/90 95 90 20
E-Mail: info@chiemgau-tourismus.de
www.chiemgau-tourismus.de

Öffentliche Verkehrsmittel

Der Meridian bedient die Hauptstrecke zwischen München und Salzburg im Nahverkehr. Dabei durchquert er den Chiemgau; von mehreren Bahnhöfen entlang dieser Strecke verkehren öffentliche Busse in die Seitentäler der Chiemgauer Alpen, die wir für unsere Zwecke nutzen können. Zusätzlich verkehren zwei kurze Seitenlinien der Bahn zu beliebten Ferienorte: die Chiemgaubahn von Prien nach Aschau sowie die Deutsche Bahn von Traunstein nach Ruhpolding.

Der größte Teil des Busnetzes im Chiemgau wird vom Regionalverkehr Oberbayern (Oberbayernbus) bedient. Die Linie Felden – Bernau – Aschau – Sachrang wird von der Fa. Reiter betrieben. Zahlreiche Ausgangspunkte der hier beschriebenen Wanderungen können mit diesen Bussen erreicht werden. Infos unter www.bahn.de und www.rvo-bus.de.

üblichen Regen auch mit einem Gewitter gerechnet werden. Dann sofort weg von eisernen Sicherungsmitteln (Eisenbügeln und Drahtseilen). Auch ist es sinnvoll, dann nicht unter frei stehenden hohen Bäumen Zuflucht zu suchen. Dort schlagen Blitze besonders häufig ein.

Falls man doch einmal vom markierten Weg abkommen sollte, am besten wieder zurück zur letzten Markierung bzw. zur letzten Wegtafel. Und natürlich immer wichtig: Die Zeit gut einteilen. Den Abstieg nicht im Dunkeln unternehmen, es sei denn, man führt eine Taschenlampe oder Stirnlampe mit.

Unterkunftshütten, bewirtschaftete Almen und Gaststätten

Im Abschnitt »Einkehr« findet man alle an einer Wanderroute gelegenen, zur Wanderzeit geöffneten Einkehr- und Übernachtungsmöglichkeiten. Es werden Nächtigungsmöglichkeit, Bewirtschaftungszeit und in der Regel auch Telefonnummern sowie, wenn vorhanden, die Internetadressen angegeben. Da die Öffnungszeiten im Frühjahr und im Herbst witterungsabhängig sind, empfiehlt es sich, bei den Hütten oder bei den Tourist Informationen (oder im Internet) vorher Erkundigungen einzuziehen.

Bergbahnen

Von Stützpunkten, die mit Seil- oder Sesselbahn erreichbar sind, werden einige Wanderungen im Abstieg beschrieben. Man beachte, dass einige dieser Anlagen oft nur während der Sommermonate Juni, Juli, August und September durchgehend in Betrieb sind, davor und danach jedoch meist noch an den Wochenenden. In der übrigen Zeit können solche Tourenziele bzw. Ausgangspunkte nur zu Fuß erreicht werden.

Wetter, Klima und beste Jahreszeit

Hohe Niederschlagsdichte wechselt ab mit stabilem Hochdruckwetter und Föhneinfluss. Aufgrund der geringen Gipfelhöhen sind Wanderungen vom frühen Frühjahr bis in den späten Herbst machbar. Einige der bewirtschafteten Almen (z. B. Agergschwendalm, Wuhrsteinalm, Doaglalm, Wagneralm) sind manchmal nur am Wochenende, einige Privathütten (Hochgernhaus, Hindenburghütte, Frasdorfer Hütte) sowie fünf Alpenvereinshütten (Traunsteiner Hütte, Hochrieshütte, Spitzsteinhaus und Priener Hütte) jedoch sogar im Winter durchgehend geöffnet.

Die Bichleralm oberhalb von Weißbach an der Alpenstraße; rechts das denkmalgeschützte Binderhäusl.

Wissenswertes

Talorte und Sehenswürdigkeiten

Aschau im Chiemgau, 620 m. Schöner Luftkurort am Eingang des Prientales, am Fuß der Kampenwand, im Landkreis Rosenheim. Freibad und Naturmoorbad, Hochseilgarten. Bahnstation der Chiemgaubahn von Prien (an der Linie München – Salzburg). Autobahnausfahrt Frasdorf oder Bernau (jeweils 4 km).

Bergen, 553 m. Luftkurort im Landkreis Traunstein am Nordfuß des Hochfelln. Bis ins 20. Jahrhundert berühmt wegen der Eisenverhüttung in der »Maximilianshütte« (heute Museum; täglich geöffnet von Anfang Mai bis Anfang Oktober von 10–16 Uhr). Museum »Blauer Anger« (Heimatmuseum), zahlreiche Hotels, Gasthöfe und Freibad. Bahnstation und Autobahnanschlussstelle. Talstation der Hochfellnbahn. Westlich davon liegen das Bergener Moos und die Egerndacher Filze.

Bernau am Chiemsee, 544 m. Luftkurort zwischen dem Südufer des Chiemsees und den Vorbergen der Chiemgauer Alpen mit Pfarrkirche, zahlreichen Gasthäusern (darunter der »Gasthof zum Alten Wirt« aus dem Jahre 1697) und Kurpark. Campingplatz und Hallenbad (»BernaMare«). Bahnstation.

Erl, 475 m. Ferienort im Inntal mit architektonisch auffälligem Passionsspielhaus (Passionsspiele alle sechs Jahre). Nächste Bahnstation Kufstein.

Die Wege sind meist gut ausgeschildert.

Frasdorf, 598 m. Ferienort im Landkreis Rosenheim mit spätgotischer Pfarrkirche und bäuerlichem Dorfbild; Dorf- und Höhlenmuseum des Vereins für Höhlenkunde. Einige Gasthöfe, Heilquelle St. Rupertus, Freibad. Ausgangspunkt für das Berggebiet der Hochries.

Grassau, 538 m. Luftkurort am Ausgang des Achentals mit Pfarrkirche Mariä Himmelfahrt, Gasthäusern, Schwimmbad und zahlreichen touristischen Einrichtungen. Schloss Niedernfels aus dem 16. Jh. Moorlehrpfad (»Ewigkeitsweg«) durch die Kendlmühlfilz (Rundweg, 2½ Std.). Moor- und Torfmuseum Rottau sowie Soleleitungsmuseum Brunnhaus Klaushäusl.

Hohenaschau, 696 m. Ortsteil der Gemeinde Aschau im Priental mit

Die Kirche von Aschau. Im Hintergrund Hammerstein und Zellerhorn.

gewaltiger Burg auf einem Bergrücken. Die Ursprünge reichen bis ins 12. Jh. zurück, Teile der Burganlage (Festsaal und Kapelle) können während der Sommermonate besucht werden; Prientalmuseum in der Burg, Talstation der Kampenwandbahn. Großer Parkplatz am »Schloßbräukeller«. Sehenswert: Wasserfall Schloßrinn 2,5 km südlich vom Ort an der Straße nach Sachrang.

Inzell, 693 m. Luftkurort und Wintersportplatz im Landkreis Traunstein. Internationales Eisschnelllaufzentrum (neu erbautes Stadion). Das im weiten, flachen Tal der Roten Traun gelegene Dorf hat seinen Charakter noch weitgehend bewahrt. Pfarrkirche, zahlreiche Hotels und Gasthäuser, Schwimmbad mit Badepark. Wandermöglichkeiten vom Ort aus. Autobahnanschlussstelle Siegsdorf.

Kössen, 589 m. Ferienort im weiten Tal der Kössener Ache, im sogenannten Kaiserwinkel von Tirol mit barocker Pfarrkirche, Gasthäusern und Hotels, Talort der Unternbergbahn. Zufahrt über die Inntal-Autobahn (Ausfahrt Niederndorf). Ausflugsziel: Wallfahrtskapelle Klobenstein.

Lofer, 620 m. Historisch bedeutsame Ortschaft mit Pfarrkirche und sehenswertem Ortskern im Land Salzburg. Marktrecht seit dem 15. Jh. Zahlreiche Gasthöfe, Hallenbad, Moorbad.

Marquartstein, 542 m. Luftkurort im Landkreis Traunstein im Tal des Tiroler Achen mit zahlreichen touristischen Einrichtungen. Eng verbunden mit der

Entwicklung des Ortes war die im 11. Jh. durch Graf Marquart II. von Hohenstein erbaute Burg (heute privat). Märchen- und Wildpark im Ortsteil Niedernfels. Naturlehrpfad in Aggbichl.

Neubeuern, 478 m. Reizvoller Erholungsort im Inntal im Landkreis Rosenheim. Marktrecht seit dem Jahr 1393. Sehenswert: Markttor und Marktplatz sowie die Pfarr- und Wallfahrtskirche Mariä Empfängnis, Schloss Neubeuern (heute Internat) auf einem mächtigen Felsrücken über dem Ort.

Nußdorf am Inn, 500 m. Ferienort am Fuß des Heubergs im Landkreis Rosenheim mit Hotels und Gasthöfen. Sehenswert: Pfarrkirche St. Veit und Wallfahrtskirche St. Leonhard; das sogenannte Edelmannhaus. Reizvoll ist die zwei Kilometer östlich gelegene Wallfahrtskirche Mariä Heimsuchung; die angeschlossene Einsiedelei ist noch heute bewohnt.

Prien, 530 m. Marktgemeinde und bedeutender Ferienort am Westufer des Chiemsees, am gleichnamigen Fluss Prien gelegen, mit sehenswerter Pfarrkirche Mariä Himmelfahrt, anschließender Taufkapelle und attraktivem Heimatmuseum. Prien ist Bahnknotenpunkt; die Chiemgaubahn verbindet den Ort mit Aschau. Ab Prien-Stock verkehren Schiffe zu den Inseln Herren- und Frauenchiemsee. Großes Erlebnisbad »Prienavera«.

Reit im Winkl, 695 m. In einem weiten, hügeligen Tal gelegener Ferienort im Landkreis Traunstein mit Blick auf den Wilden Kaiser. Ortsteile: Seegatterl, Winklmoosalm, Blindau, Birnbach und Entfelden. Dieser höchstgelegene der größeren Orte im Chiemgau verfügt über gute Wandermöglichkeiten (125 km markierte Wege sowie die ersten Premiumwanderwege im Chiemgau), Freibad und Hallenbad; Heimatmuseum Hausenhäusl und Schnapsmuseum.

Die Pfarrkirche St. Pankraz im Ortszentrum von Reit im Winkl.

Rosenheim, 445 m. Im 13. Jh. gegründete Marktsiedlung, 1864 durch König Ludwig II. zur Stadt erhoben. Heute gilt Rosenheim als wirtschaftliches und kulturelles Zentrum des Chiemgau. Vom mittelalterlichen Ortsbild ist nur wenig erhalten; mehrere Brände zerstörten große Teile des historischen Kerns. Sehenswert ist der Max-Josephs-Platz mit der Pfarrkirche St. Nikolaus und den alten Bürgerhäusern mit den für die Bauweise der Innstädte typischen Laubengängen. Rosenheim besitzt

Blick über das Talbecken von Ruhpolding; in der Bildmitte erhebt sich der Hochfelln.

mehrere bemerkenswerte Museen: das Holztechnische Museum, das Innmuseum, das Ausstellungszentrum Lokschuppen, das Kleppermuseum sowie das Heimatmuseum. Von den alten Stadttoren ist das Mittertor erhalten geblieben (heute Heimatmuseum).

Ruhpolding, 690 m. Renommierter Luftkurort und Wintersportort im Tal der Weißen Traun im Landkreis Traunstein. Sehenswerte Pfarrkirche St. Georg aus dem 18. Jh. Im ehemaligen Jagdschloss der bayerischen Herzöge sind heute das Haus des Gastes und das Heimatmuseum eingerichtet. 250 Kilometer markierte Wanderwege und zahlreiche Ausflugsmöglichkeiten. Großzügig angelegtes Erlebnisbad (»Vita Alpina«). Historische Glockenschmiede (heute Museum) in Haßlberg; Privatmuseum »Schnauferlstall«, Holzknechtmuseum in der Laubau. Berühmtes Gasthaus »Zur Windbeutelgräfin« an der Straße nach Brand. Freizeitpark Ruhpolding mit Achterbahn in einem Wald bei Vorderbrand. Bahnstation (Anschluss mit Traunstein). Autobahnanschlussstelle Siegsdorf (8 km).

Sachrang, 738 m. Bäuerlich geprägter Ferienort im Oberen Priental mit sehenswerter Pfarrkirche, einige Gasthäuser. Heimatort des Müllner Peter von Sachrang (Museum im alten Schulgebäude). Wildpark Wildbichl kurz nach der Grenze zu Tirol. Antoniuskapelle rechts an der Straße kurz vor dem Grenzübergang.

Samerberg, 700 – 1000 m. Weit ausgedehnte Gemeinde im Landkreis Rosenheim mit den Orten Törwang, Grainbach, Steinkirchen und Roßholzen. Sehenswert: Schusterhäusl mit Fassadenmalerei aus dem 18. Jh. in Törwang. Barockkirche St. Bartholomäus in Roßholzen.

Schleching, 569 m. Luftkurort im weiten Oberen Achental mit den Ortsteilen Raiten, Mettenham, Mühlau, Ettenhausen, Wagrain, Achberg und Streichen im Landkreis Traunstein. Pfarrkirche St. Remigius. Sehenswert: Wallfahrtskirche »Unserer Liebe Frau zu den Sieben Linden« sowie Hammerschmiede aus dem Jahr 1697 in Raiten.

Siegsdorf, 615 m. Luftkurort im Landkreis Traunstein mit den Ortsteilen Bad Adelholzen, Vogling, Vorauf, Hammer, Eisenärzt und Maria Eck. Der Ortsteil Bad Adelholzen ist bekannt für seine Heilquellen (3 km vom Ortszentrum). Sehenswert: Naturkundemuseum (Mammutheum) und Steinzeitdorf, Pfarrkirche aus dem 15. Jh., Wastlbauernhof (Museum) bei Hammer. Bahnstation. Autobahnanschlussstellen Schweinbach/Traunstein und Siegsdorf.

Traunstein, 591 m. Wichtiger Wirtschafts- und Verkehrsmittelpunkt des Chiemgau inmitten der hügeligen Landschaft der Voralpen an der Traun. Stadterhebung im 14. Jh. Schwere Brände dezimierten den alten Ortskern. Seit Beginn des 17. Jh. bis Anfang des 20. Jh. Salinen-Standort. 1912 wurde das letzte Salz gesotten. Sehenswert: Pfarrkirche St. Oswald, Salinenkapelle St. Rupert, Stadtplatz mit dem Heimathaus, Brauereimuseum, Katzenmuseum; Georgiritt (alljährlich am Ostermontag). Bahnstation (Anschluss nach Ruhpolding).

Unterwössen, 555 m. Erholungsort im Tal des Tiroler Achen am Fuß des Hochgern im Landkreis Traunstein. Der Ortsteil Oberwössen (4 km südlich gelegen) verfügt ebenfalls über Hotels, Gasthöfe und Pensionen. Zahlreiche Sportmöglichkeiten (z. B. Segelfliegen), Sporthallenbad »Achental«; Strandbad Wössener See.

Walchsee, 658 m. In schöner Umgebung am Fuß des Zahmen Kaisers gelegener Ferienort am gleichnamigen See. Historische Pfarrkirche und sehenswerte Bauernhäuser im Ort. Zahlreiche Hotels und Gasthöfe. Strandbad Walchsee. Campingplätze.

Kurzwanderungen

- Gasthaus Adersberg, 800 m. Reizvolles Ausflugsziel auf dem Reifenberg bei Bernau mit herrlichem Blick auf den Chiemsee. Anfahrt von Rottau auf Asphaltstraße. 2,3 km. Ganzjährig bewirtschaftet.
- Forsthaus Adlgaß, ca. 800 m. Ganzjährig bewirtschaftetes Gasthaus aus dem Jahr 1765 auf der Nordseite des Hochstaufens. Zufahrt von Inzell-Ortsmitte in östlicher Richtung auf Asphaltstraße, 4,5 km; großer Wanderparkplatz. Von dort kurze Wanderungen zum Frillensee mit neu angelegtem Seeuferweg sowie einem Erlebnispfad (Rundwanderung Mark. 14/24, 2 Std.) oder zur Steineralm (1.30 Std.).

- Alpengasthof Brand, ca. 750 m. Ausflugsziel südwestlich von Ruhpolding am Eingang zum Nesslauer Graben. Ganzjährig bewirtschaftet. In der Nähe der Naturschutzpark Märchenwald und der Märchenpark.
- Doaglalm, 980 m. Einkehrstation für Bergwanderer auf der Spatenaualm. Zugang vom Wanderparkplatz an der Straße von Grainbach zum Gasthaus Duftbräu (35 Min.).
- Gschwendtner Hof'Stubn, 850 m. Auf einer Wiesenterrasse in Hintergschwendt am Fuß der Kampenwand gelegen. Zufahrt über Verbindungsstraße Bernau – Aschau. Abzweigung bei Außerkoy. Ganzjährig bewirtschaftet (Montag Ruhetag).
- Heutal, ca. 1000 m. Reizvolles Hochtal auf der Südseite des Sonntagshorns im Land Salzburg. Ausgangspunkt für Wanderungen auf das Sonntagshorn, zur Jausenstation Wildalm (1 Std.), zum Dürrnbachhorn (2.30 Std.) sowie ins Hintergföll zum Gasthaus Moar Lack (30 Min.). Zwei Gaststätten. Anfahrt von Unken auf schmaler Asphaltstraße, 9 km.
- Gasthaus Klobenstein, 617 m. Unterhalb der Verbindungsstraße zwischen Schleching und Kössen gelegenes Ausflugsziel auf der Tiroler Seite der Staatsgrenze. Direkt daneben die Wallfahrtskapelle gleichen Namens (beim »gekloboenen« = gespaltenen Stein) aus dem Jahre 1701/02.
- Loferer Alm, 1200 – 1500 m. Weitläufiges Almgebiet oberhalb von Lofer im Salzburger Land. Erreichbar mit Bergbahn von Lofer und auf asphaltierter Mautstraße, 7 km. Einige Alpengasthöfe. Ausgangspunkt für zahlreiche Wanderungen (z. B. Steinplatte und Dietrichshorn).
- Maria Eck, 882 m. Auf einem Vorberg des Hochfelln gelegene Wallfahrtskirche (1635 erbaut) mit angeschlossenem Wirtshaus. Die Klostergaststätte ist seit 1664 in Betrieb. Zahlreiche Votivgaben und Votivbilder. Wanderweg von Siegsdorf bzw. von Eisenärzt (1 bzw. ½ Std.). Wanderung zur Hochfelln-Mittelstation (3 Std.). Auch Anfahrt mit PKW möglich, 4 km von Siegsdorf.
- Gasthaus Mauthäusl, ca. 650 m. Historisches Ausflugsziel an der Alpenstraße zwischen Weißbach und Schneizlreuth. Nach Brand neu aufgebaut. Hier war die Mautstelle für die in den Jahren 1580–1590 gebaute Straße, die von Bad Reichenhall nach Weißbach führte und die beschwerliche Route über den Jochberg ablöste. Wanderung auf angelegtem Steig durch die Weißbachschlucht (30 Min.).
- Gasthaus Moosbauer, 980 m. Ausflugsziel am Erler Berg auf der Südseite des Spitzsteins. Ganzjährig bewirtschaftet. Zufahrt von Erl auf asphaltierter Fahrstraße Richtung Osten hinauf ins Trockenbachtal.
- Berggasthaus Mösernalm, 1380 m. Reizvolles Ausflugsziel am südlichen Ende der südlichen Chiemgauer Alpen im Bereich der Steinplatte. Gute Wandermöglichkeiten: zur Winklmoosalm, ins Kammerköhrgebiet und zur Steinplatte. Nahezu ganzjährig bewirtschaftet. Auffahrt von Waidring (Tirol) auf 4 km langer Mautstraße zum Wanderparkplatz Steinplatte. Von dort 45 Min. zu Fuß auf Wirtschaftsweg.

Für wanderfreie Tage: Ausflugsziele und Bademöglichkeiten

Frauenchiemsee, 524 m

Kleine Insel im Chiemsee mit Fischerdorf und Kloster mit Klosterladen und romanischem Münster. Der freistehende, zwiebelförmige Kirchturm gilt als Wahrzeichen der Insel. Inselwirt mit Biergarten. Schiffsverbindung ab Prien-Stock oder Gstadt.

Herrenchiemsee, 538 m

Größte Insel im Chiemsee, dem »Bayerischen Meer«, mit dem berühmten Schloss König Ludwigs II. aus dem 19. Jh. und dem König-Ludwig-Museum. Schlossgaststätte beim Alten Schloss, nahe der Schiffsanlegestelle. Die bewaldete Insel steht unter Naturschutz und kann auf markiertem Wanderweg umrundet werden (7 km, 2 Std.). Schiffsverbindung ab Prien-Stock oder Gstadt.

Bärnsee, 596 m

Moorsee bei Aschau mit behindertengerechtem Naturpfad. Anfahrt (oder besser zu Fuß) von Ortsmitte Aschau Richtung Norden auf schmaler Straße; Parkplatz nach 1,5 km. Dort beginnt der Wanderweg in der Nähe des Gasthaus »Café Pauli« (ab Ostern geöffnet).

Freischwimmbad Aschau, 620 m

Am nordöstlichen Ortsrand von Aschau, rechts von der Straße nach Bernau, und Moorfreibad Höhenberg.

Chiemsee, 518 m.

Der größte der oberbayerischen Seen hat eine Fläche von 82 km² und eine maximale Seetiefe von 74 Metern. Der Küstenstreifen weist ein breites Schilfband auf, das durch Bootshäfen und Naturbadestrände unterbrochen wird; Badestrände bei Seebruck, bei Prien und weiteren Orten am See. Zahlreiche Campingplätze. Ein etwa 70 Kilometer langer Radel- und Wander-Rundweg führt um den gesamten See.

Thumsee, 530 m

Kleiner Gebirgssee an der Verbindungsstraße zwischen Bad Reichenhall und Inzell. Trotz des kühlen Wassers kein Mangel an Besuchern. Badeanstalt, Gasthäuser, Ufer-Promenadeweg. Am östlichen Ende befindet sich ein großer Seerosenteich.

Tinninger See, 487 m

Kleiner, reizvoller Badesee mit Strandbad, Steg und Kiosk zwischen Simssee und der Salzburger Autobahn. Anfahrt: Von der Autobahnabfahrt Achenmühle über Lauterbach in Richtung Riedering. Parkplatz direkt neben der RO 47.

Walchsee, 655 m

Runder See in schöner Wiesenlandschaft vor der Kulisse des Kaisergebirges beim gleichnamigen Ort. Wegen der geringen Wassertiefe warmer Badesee. Rundwanderweg (5 km). Surf- und Segelmöglichkeit sowie Bootsverleih.

Weitsee, Mittersee, Lödensee, 754 m

In dem siedlungsfreien und überwiegend bewaldeten Tal an der Deutschen Alpenstraße zwischen Ruhpolding und Reit im Winkl gelegene Naturseen mit guten Liegemöglichkeiten. Mehrere Parkplätze entlang der Straße.

Wössener See, 575 m

Kleiner Natursee südlich von Unterwössen mit Strandbad und Gasthaus Seewirt.

Zellersee, 556 m

Kleiner Natursee mit Campingplatz südwestlich von Unterwössen an der Straße zwischen Raiten und Mettenham.

Zwingsee, 690 m

Kleiner See mit Strandcafé in der Nähe des Eisschnellaufstadions am südlichen Ortsrand von Inzell.

- Gasthaus Streichen, 814 m. Auf einem Bergrücken hoch über dem Tal des Tiroler Achen gelegen. Das Wirtshaus war ursprünglich (anno 1435) als Mesnerhaus für das nahegelegene Wallfahrtskirchlein erbaut worden, dessen Anlage bis ins 13. Jh. zurückreicht. Anfahrt von der ehemaligen Grenzstation Schleching bis zum Parkplatz. Dann 10 Min. zu Fuß auf Fahrstraße.
- Gasthof Schmelz, 652 m. An der Deutschen Alpenstraße zwischen Inzell und Ruhpolding. Ehemalige »Schmelzhütte« des Bergbaureviers am Rauschberg. Ende des 19. Jh. Errichtung einer kleinen Brauerei und Schänke, aus der sich die heutige Gastwirtschaft mit Hotelbetrieb entwickelte. Kleiner Privatzoo.
- Schwarzrieshütte, 970 m. Private Einkehr- und Unterkunftshütte (16 Plätze) im reizvollen Almgebiet des Trockenbachtals bei Erl mit naturverträglicher »biologischer« Ausrichtung (Bewirtschaftung von Mai bis November; Montag und Dienstag Ruhetag). Kürzester Zugang auf bequemem Weg vom Waldparkplatz Gammern; 1 Std. zu Fuß, 30 Min. mit dem MTB.
- Seiseralm, 700 m, und Seiserhof, 700 m. Ganzjährig bewirtschaftete Ausflugsziele oberhalb von Bernau mit prächtigem Chiemseeblick. Anfahrt von Bernau Richtung Aschau, nach 2,5 km links abzweigen und auf Asphaltstraße hinauf zum Parkplatz, 1 km.

Der Wössener See am Fuße des Hochgerns bietet Bademöglichkeiten und Einkehr. Folgende Doppelseite: Der Schlussanstieg auf den Hochgern.

Durch die schroffe Nordseite des Hochstaufens

Kein Zweifel, dem Hochstaufen, dem bergsteigerischen Wahrzeichen Bad Reichenhalls, steigen die Wanderer am liebsten von der Südseite aufs Dach. Im Hochsommer ist jedoch die schattigere Nordseite vorzuziehen. Als zusätzliche Dreingabe gibt es den idyllischen Frillensee – übrigens die Wiege des Eissports in Inzell – und eine bewirtschaftete Alm. Da der Hochstaufen den südöstlichsten Endpunkt der Chiemgauer Alpen bildet, bietet sich von seinem höchsten Punkt ein umfassender Panoramablick, der bei gutem Wetter bis in die Zentralalpen reicht.

Talort: Inzell, 693 m.

Ausgangspunkt: Adlgaß, 800 m; von Inzell-Ortsmitte 4,5 km in östliche Richtung auf Asphaltstraße, dort Wanderparkplätze. Bus von Inzell.

Anforderungen: Bis zum Frillensee leichter Wanderweg, dann immer steiler werdender Bergsteig, z. T. felsig, einige Seilsicherungen. Hier nur für trittsichere und schwindelfreie Berggeher.

Höhenunterschied: 970 Hm im Auf- und Abstieg.

Einkehr: Forsthaus Adlgaß, 800 m

(ganzjährig bewirtschaftet); Reichenhaller Haus, 1750 m (AV-Hütte, vom 15. Mai bis Mitte Oktober bew., 6 Betten, 24 Lager; Tel. 08651/5566).

Variante: Auf dem Rückweg Abstecher zur Steineralm (im Sommer bew., 20 Lager; Tel. 08651/1201): Kurz nach der Forststraße den Steig hinab in eine Wiesenmulde. Auf der anderen Seite liegt die bewirtschaftete Alm mit Freisitz und Almkapelle. Hinter der Alm kurz ansteigen, dann links Richtung Süden zurück.

Vom **Wanderparkplatz Adlgaß (1)** folgen wir der Forststraße Richtung Nordosten, dann rechts (Ausschilderung »Frillensee«, Weg-Nr. 14) und nach 10 Min. wieder rechts, wo wir dem Frillenseebach durch schattigen Wald folgen (nach 20 Min. treffen wir auf den vom Forsthaus Adlgaß heraufkommenden Wanderweg). Immer dem Bach entlang geht es leicht ansteigend weiter durch Wald aufwärts; bei der nächsten Wegverzweigung halten wir uns rechts, dann queren wir eine Forststraße und gehen auf dem nun breiteren Weg in 10 Min. zum schattigen **Frillensee (2)**, 922 m. Wir halten uns auf der linken Seite und gehen bis zu dessen Ende, wo uns dann nach links eine Wegtafel Richtung »Hochstaufen« weist. Nun bald steil hinauf auf schmalem Steig und weiter durch Wald bis zur Gabelung der vom Tal herauf führenden Forststraße.

Den Gipfel des Hochstaufens schmückt ein prächtiges Kreuz.

Wir folgen etwa eine halbe Stunde lang dem rechten Zweig und gelangen zu einem kleinen Sattel, wo wir uns dann links halten. Bald darauf mündet der Steig von der Steineralm ein (Variante). Weiter auf dem Weg bis zu einem Wendeplatz. In Serpentinen geht es dann durch lichten Wald, weiter oberhalb dann durch Latschen an die ersten Felsen heran. Allmählich wird auch der Blick auf das Alpenvorland frei. Bald geht es direkt auf dem Nordgrat, dann auf seiner Westseite weiter. Nach einigen Felsverengungen erreichen wir die Schlussserpentinen des Gipfelanstiegs. Das letzte Stück führt uns nun leicht hinauf zum höchsten Punkt des Hochstaufens. Auf seiner Südseite, nur wenige Meter unterhalb, liegt dann das aussichtsreiche **Reichenhaller Haus (3)** mit schöner Terrasse. Abstieg wie Aufstieg, bei der Abzweigung zum Frillensee jedoch geradeaus auf der Forststraße immer talwärts zum **Wanderparkplatz Adlgaß (1)**.

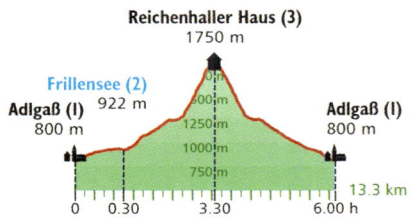

Reichenhaller Haus (3)
1750 m

Frillensee (2)
922 m
Adlgaß (l)
800 m

Adlgaß (l)
800 m

1500 m
1250 m
1000 m
750 m

13.3 km

0   0.30   3.30   6.00 h

Auf den weniger bekannten Nachbarn des Hochstaufen

Der Zwiesel ist der zwar etwas unauffällige Nachbar des Hochstaufens, über-ragt ihn jedoch an Höhe, wenn auch nur um elf Meter. Da die Anstiegswege zum Gipfel leicht sind, erfreut er sich aber eines regen Zuspruchs; das liegt sicher auch am gemütlichen Zwieselhaus (manchmal auch noch Zwieselalm genannt, obwohl diese Tage wohl längst vorbei sind). Die Tiefblicke nicht nur vom Zwieselhaus, sondern auch der umfassende Panoramablick auf die Berchtesgadener und Chiemgauer Alpen vom Gipfel sind umwerfend. Für Nostalgiker hat diese Tour noch etwas Besonderes zu bieten.

Talort: Inzell, 693 m.

Ausgangspunkt: Von Inzell-Ortsmitte in Richtung Adlgaß, nach 2 km Abzweigung nach rechts und bald wieder nach links zum Ortsteil Sterr und zum Kirchlein Einsiedl (1 km nach der Abzweigung). Kleiner Parkplatz in Einsiedl.

Anforderungen: Der Anstieg zur Kohleralm erfolgt auf Forstwegen und leichtem, aber steilem Bergsteig, ebenso der Übergang zur Zwieselalm sowie der Anstieg zum Zwiesel; der Anstieg zum Gamsknogel ist unschwierig, sollte jedoch nur von Trittsicheren angegangen werden; der Übergang Gamsknogel –

Zwiesel ist Trittsicheren und Schwindelfreien vorbehalten, ebenso der direkte Abstieg zwischen diesen beiden Gipfeln nach Inzell-Einsiedl.

Höhenunterschied: 1080 Hm im Auf- und Abstieg.

Einkehr: Zwieselhaus, 1386 m (priv., von Mitte Mai bis Mitte Oktober bew., Übernachtung im Kaiser-Wilhelm-Haus daneben, 30 Betten, Übernachtung nur nach Voranmeldung; Tel. 08651/3107).

Variante: Wir können von der Kohleralm auch direkt zum Gamsknogel ansteigen und über einen leichten Klettersteig den Zwiesel erreichen.

In **Einsiedl (1)** gehen wir zwischen Kirchlein, Bauernhof und Schuppen hindurch und folgen dem Feldweg bis zum Waldrand (Mark. 23, gelb.). Dort zweigt rechts der ausgeschilderte Weg ab und führt ziemlich gerade aufwärts durch schattigen Nadelwald. Nach etwa 20 Min. erreichen wir eine breite Forststraße. Hier rechts, dann links um die Biegung und ein Stück aufwärts. Nach 5 Min. wieder rechts ab. In weiten Kehren nun durch Mischwald empor. Nach etwa 1½ Std. treffen wir auf eine Wegverzweigung. Wir folgen der Ausschilderung nach links und steigen in Serpentinen durch immer lichter werdenden Wald höher und bewegen uns dabei auf die ersten Schrofen zu. Bald erreichen wir einen reizvollen Aussichtspunkt und nach weiteren 20 Min. die aus-

Der Gipfel des Zwiesels mit Blick auf die Berchtesgadener Alpen.

sichtsreich gelegene **Kohleralm (2)**. Von der Alm 10 Min. ansteigend Richtung Osten zur Wegverzweigung. Wir folgen nun dem abwechslungsreichen, aber auch recht wurzelreichen Steig, der uns nach rechts auf der Südseite des Hinterstaufens zum **Zwieselhaus (3)** führt. Dort folgen wir dem markierten, in nördliche Richtung führenden Bergweg, der uns in Serpentinen über freies Gelände, dann teilweise durch Latschen hinauf zum **Zennokopf (4)** – mit Gipfelkreuz – leitet. Von dort ist es nur mehr ein kurzes Stück hinüber zum Gipfel des **Zwiesels (5)**. Vom höchsten Punkt dann in westlicher Richtung steil hinunter in die tiefste Einsenkung, dann rechts auf steilen Serpentinen nordostwärts durch die latschenbewachsene Bergflanke hinunter. Nach etwa einer Stunde erreichen wir wieder weniger anstrengendes

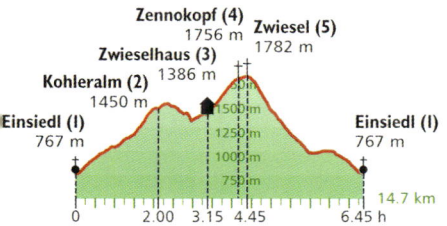

Gelände. Durch lichten Wald in weiten Serpentinen hinunter zu einer Forststraße. Auf ihr wandern wir in Richtung Westen, bis wir nach einer Stunde Gehzeit wieder auf den Anstiegsweg treffen. Diesem folgen wir nun 15 Min. lang zurück zu unserem Ausgangspunkt in **Einsiedl (1)**.

6.45 Std.

Eine abwechslungsreiche Runde mit Einkehr und Gipfelabstecher

Auf der Zwieselalm – an der Südflanke des Zwiesel – wird das Andenken an Kaiser Wilhelm II. noch wach gehalten. Das Unterkunftshaus neben der bewirtschafteten Alm trägt noch heute seinen Namen. Zahlreiche Wanderer nutzen diesen Stützpunkt, denn er ist letzte auf dem »Maximiliansweg«, auf der langen Strecke vom Bodensee nach Berchtesgaden. Wir haben uns dieses Ziel jedoch wegen seiner leichten Erreichbarkeit gewählt; denn der kurze Anstieg von Jochberg zu dieser aussichtsreich gelegenen Hütte belohnt uns mit einem großartigen Panorama der Berchtesgadener Alpen und einem herrlichen Tiefblick auf das Reichenhaller Talbecken. Daher bleibt noch genügend Energie, um dem höchsten Gipfel des Staufenmassivs einen Besuch abzustatten (denn das ist nicht der Hochstaufen, sondern eben der Zwiesel!).

Talort: Weißbach/Alpenstraße, 612 m.

Ausgangspunkt: Wanderparkplatz im Ortsteil Jochberg, 880 m; von Inzell kommend zum südlichen Ortsende von Weißbach, dort links auf schmaler Teerstraße hinauf nach Jochberg bis zum Ende der Fahrstraße.

Anforderungen: Vom Wanderparkplatz zu Beginn mäßig ansteigender Forstweg, dann immer steiler werdender Bergsteig hinauf zum Zwieselhaus. Der Gipfelanstieg ist leicht. Für den Übergang vom Zwieselhaus zur Kohleralm ist Trittsicherheit erforderlich (viele Wurzeln); von dort geht es auf Wirtschaftsweg zurück zum Ausgangspunkt.

Höhenunterschied: 1170 Hm im Auf- und Abstieg.

Einkehr: Zwieselhaus, 1386 m (privat, von Mitte Mai bis Mitte Oktober bew., 30 Betten, Übernachtung nur nach Voranmeldung; Tel. 08651/3107). Gh. in Weißbach.

Variante: Wer trittsicher und schwindelfrei ist, kann vom Zwiesel-Gipfel in direkter Linie über den Gamsknogel zur Kohleralm gelangen; diese Variante besitzt jedoch Klettersteigcharakter (einige Drahtseile).

Das Zwieselhaus – eine ehemalige Alm – bietet Einkehr und Unterkunft.

Vom kleinen Wanderparkplatz am oberen Ende von **Jochberg (1)** folgen wir zunächst dem Forstweg durch schattigen Wald (WW »Zwieselalm«), der den alten Wanderweg leider zerschnitten hat. Wir treffen auf einen quer führenden Forstweg und halten uns dort rechts. Bald setzen wir unseren Weg links auf eben diesem alten Anstiegsweg fort (er kürzt den Forstweg ab). Wenn wir auf den von Nonn herauf führenden Weg (E 4 bzw. »Maximiliansweg«) treffen, kreuzen wir die Forststraße und folgen sodann den zahlreichen Serpentinen durch Wald bergan. Auf dem letzten Stück treten wir aus dem Wald heraus und steigen steil hinauf zu einer Weggabelung. Dort halten wir uns links und wandern zum **Zwieselhaus (2)** hinauf. Gleich dahinter beginnt der Steig, der zunächst durch Wald, dann durch Latschen in angenehmer Steigung zunächst zum **Zennokopf (3)**, 1756 m (mit Gipfelkreuz), dann links weiter hinauf zum Gipfel des **Zwiesel (4)**, 1782 m, führt. Wir können den Zennokopf jedoch auch auslassen und uns bei der Wegverzweigung kurz davor links halten. – Auf demselben Weg wieder zurück bis zum **Zwieselhaus (2)**. Dort halten wir uns rechts und wandern im leichten Auf und Ab durch die überwiegend bewaldete Süd- bzw. Westflanke des Hinterstaufens – zuletzt etwas ansteigend – zur unbewirtschafteten **Kohleralm (5)**. Dort halten wir uns links, bis nach etwa 200 Metern links ein Pfad talwärts weist. Diesem folgen wir steil in kurzen Serpentinen hinab zu einer Forststraße, halten uns auf dieser sodann links und wandern nahezu eben durch die Südwestseite des Hochstaufens, bis uns nach etwa 1,5 km rechts ein schmaler Wirtschaftsweg direkt zum Wanderparkplatz in **Jochberg (1)** hinableitet.

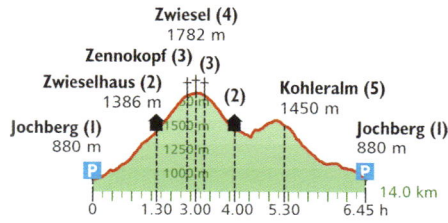

Drei bewirtschaftete Almen und eine restaurierte Triftklause

Auf dieser beschaulichen Almrunde treffen wir auf drei Almen, jede auf ihre Art eine Besonderheit. Die Bichleralm besitzt kulturhistorischen Wert, denn sie ist die einzige verbliebene Zwie-Alm im gesamten Landkreis Traunstein. Das jahrhundertealte Kaserl der Bichleralm, also das ursprüngliche Wohngebäude direkt neben dem Stall, wurde vor einigen Jahren restauriert und steht nun unter Denkmalschutz. Die Harbacheralm gleich daneben stammt in ihrer jetzigen Gestalt aus dem Jahr 1882. Auf diesen beiden Almen wird heute nur mehr Jungvieh gehalten; doch auf der Reiteralm, der dritten Alm auf unserer Runde, gibt es noch richtige Kühe. Dort wird noch frische Milch ausgeschenkt und gebuttert, aber der Großteil der Milch wird an die Molkerei geliefert.

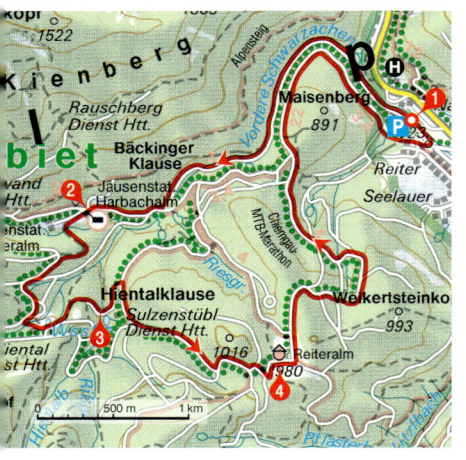

Talort: Weißbach/Alpenstraße, 612 m.

Ausgangspunkt: Wanderparkplatz am nördl. Ortsende von Weißbach; Zufahrt von der B 305. Anfahrt von der Autobahnausfahrt Siegsdorf über Inzell dorthin (Ausschilderung Forsthaus). Mit der Bahn bis Traunstein oder Bad Reichenhall; von dort mit dem Oberbayernbus nach Weißbach.

Anforderungen: Leichte Bergwanderrunde auf Alm- und Forstwegen, der Abstieg zur Hientalklause und der Wiederanstieg zur Forststraße auf Bergsteig bzw. Wanderweg.

Höhenunterschied: 450 Hm im Auf- und Abstieg.

Einkehr: Harbacheralm, 840 m; Bichleralm, 860 m; Reiteralm, 960 m; alle drei Almen sind während der Weidesaison (Mai–Sept./Okt.) bew. Gh. in Weißbach.

Vom **Wanderparkplatz in Weißbach (1)** wandern wir zunächst über die kleine Brücke und halten uns dann sofort rechts. Angenehm schattig geht es zunächst am Weißbach entlang, dann steigen wir langsam an und biegen links in die **Klamm** der Vorderen Schwarzachen ein. Wir folgen nun der Trasse der ehemaligen Waldbahn, deren Gleise jedoch nach Einstellung des Betriebs im Jahre 1958 wieder abgetragen wurden (informative Wegtafeln mit

Die Bäckinger Klause dient heute als Unterschlupf für eine kurze Rast.

Unterwegs auf dem Waldbahnweg hinauf zur Harbacheralm.

Abbildungen geben uns einen Einblick in ihre Geschichte). Bald durchschreiten wir einen ausgesprengten Felstunnel, dann geht es in angenehmer Steigung langsam höher. Allmählich wird die Klamm weiter, wir wechseln nun auf die andere Bachseite und gelangen zur Bäckinger Klause, 753 m, ein ehemaliges Stauwehr mit Holzlagerplatz aus dem Jahr 1804. Bei der Wegverzweigung kurz dahinter folgen wir dann rechts haltend dem steilen Almfahrweg, der uns in 10 Minuten zur Harbacheralm leitet. Wenige Meter oberhalb führt links ein Weg weiter zur **Bichleralm (2)**, die sich knapp oberhalb befindet. Ein schöner Wanderweg leitet uns von dort links haltend in eine Senke, dann über einen Bach und in Kehren durch schönen Mischwald hinauf zu einer Forststraße. Auf dieser kurz links haltend weiter, bis links der Wanderweg zur Hientalklause abzweigt. Wenige Meter hinab, dann rechts über einen Holzsteg und jenseits einer Bacheinsenkung wieder hinauf. Nun durch ein Waldstück abwärts und in einem Rechtsbogen um einen Geländevorsprung herum. Bald geht es steil hinab zur Hientalklause bei **P. 850 (3)** – Infotafel und Picknickplatz. Von hier nehmen wir den Wirtschaftsweg, der uns links haltend hinauf zu einer quer verlaufenden Forststraße bringt. Dort halten wir uns rechts, passieren das Sulzenstübl und erreichen bald eine Weggabelung. Rechts wandern wir auf einem Forstweg durch einen Bachgraben aufwärts, halten uns bei den folgenden zwei Abzweigungen links, überschreiten einen kleinen bewaldeten Kamm und steigen jenseits zur Almwiese der **Reiteralm (4)** ab. Von der Alm gehen wir links haltend ein Stück in Richtung Hiental; nach etwa 300 Meter erreichen wir eine neue Forststraße, dort halten wir uns rechts und wandern auf dem breiten Forstweg durch Wald hinab zu unserem Ausgangspunkt in **Weißbach (1)**.

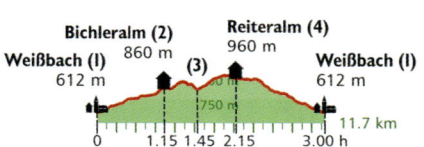

Stoißeralm, 1272 m 5

Auf einen waldreichen Vorberg mit reizvollen Ausblicken

Zwei bewirtschaftete Almen in aussichtsreicher Lage sind Station auf dieser Wanderung durch überwiegend dichten Forst. Doch an den entscheidenden Stellen öffnet sich die grüne Wand, und der Blick wird frei. Auf der Stoißeralm bietet sich uns nicht nur eine herrliche Aussicht auf die Berchtesgadener Alpen und die Loferer Steinberge, wir können dort oben auch übernachten. Da die Zugangswege überwiegend aus Wirtschaftswegen bestehen, wundern wir uns bei Ankunft auch nicht über die zahlreichen Mountainbiker.

Talort: Inzell, 693 m.

Ausgangspunkt: Ortsteil Wagenau, etwa 4,5 km vom Ortszentrum Inzell in Richtung Siegsdorf. Dort befindet sich auch ein Wanderparkplatz.

Anforderungen: Gut begehbare Forststraßen und Wanderwege ohne jede Schwierigkeit.

Höhenunterschied: 590 Hm im Auf- und Abstieg.

Einkehr: Stoißeralm, 1272 m (priv., Ende April bis Mitte Oktober bew., im Winter am Wochenende Getränkeausgabe im Untergeschoss, Betten und Lager, Tel. 0175/ 6166267, www.stoisseralm.de); Bäckeralm, 1067 m (im Sommer einfach bew.).

Die Stoißeralm am Teisenberg zieht Wanderer und Mountainbiker an.

Vom Wanderparkplatz in **Wagenau (1)** folgen wir in nordöstlicher Richtung der breiten, aber schattigen Forststraße (Mark. 47/44). Bei der ersten Abzweigung halten wir uns rechts, bei der nächsten Wegverzweigung links und steigen dabei immer durch Wald höher, bis wir in die Nähe der Farnbichlalm (einer ehemaligen Gaststätte) kommen. Dort links auf einem **Forstweg (2)** weiter, bei der nächsten Weggabelung rechts und mäßig ansteigend durch den Baumbürger Wald. Bei der folgenden Weggabelung rechts und der darauffolgenden links haltend weiter. Nun in weiten Kehren weiter bergan – zuweilen durchaus steil –, an der Hubertus-Diensthütte vorbei, zu einem Bach-

Blick von der Stoißeralm zur Staufengruppe, die den Blick nach Süden begrenzt.

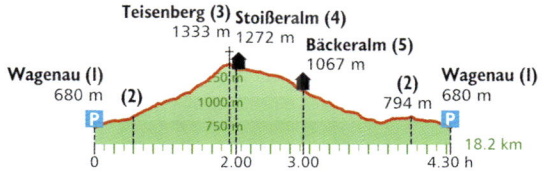

tälchen. Dort links auf Pfad hinauf zu einer bewaldeten Kammhöhe (links geht es zum Kachelstein). Wir halten uns rechts und wandern hinauf zum höchsten Punkt des **Teisenbergs (3)**, 1333 m. Über den freien Hang geht es schnell hinab zur bewirtschafteten **Stoißeralm (4)** mit ihrer großen Terrasse. Von der Stoißeralm folgen wir in südlicher Richtung nahezu eben dem Kamm, der uns Richtung Teisenbergkopf leitet. An ihm aber rechts vorbei (Vermessungszeichen) und über einen Sattel, dann leicht fallend – immer im Wald – hinab, bis wir auf eine querführende Forststraße treffen. Wir überqueren diese und steigen das kurze Stück hinab zu den Almwiesen mit der aussichtsreich (mit schönem Blick auf den Hochstaufen) gelegenen **Bäckeralm (5)**, 1067 m. Von hier gehen wir weiter auf einem Pfad in Richtung Westen, bis wir wieder auf die Forststraße treffen. Auf ihr talwärts in westlicher Richtung. Bei der Weggabelung halten wir uns erneut rechts und folgen der breiten Forststraße in gleicher Richtung über die Wiedmaisalm und Obergschwendt, bis wir auf die zur Farnbichlalm führende **Forststraße (2)** treffen. Ein kurzes Stück hinab, dann links durch Wald und oberhalb von Wagenau zum **Ausgangspunkt (1)**.

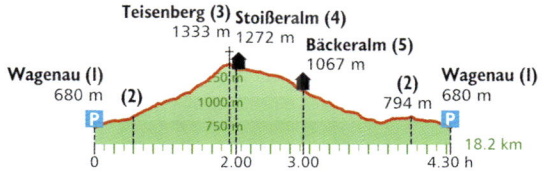

Eine Alm mit Pensionsvieh und ein schöner Bergsee

Eine gemütliche Almhütte mit kleiner Almkapelle sowie einem Freisitz für die schönen und einem Stüberl für die schlechten Tage: das ist die Steineralm am Nordfuß des Hochstaufens. Ihre Ursprünge gehen bis in die Anfänge des 18. Jahrhunderts zurück; damals gehörte sie zum Erzbistum Salzburg. Später kamen ein neuer Stall und ein Anbau dazu. Im Sommer wird dort Pensionsvieh – Jungvieh und einige Kühe sowie Geißen – aber auch Schweine und Hennen gehalten, denn die Betreiber der Alm verfügen nicht über einen eigenen Bauernhof. Auf dem Rückweg machen wir einen Schlenker zum Frillensee, der Wiege des Eislaufs in Inzell.

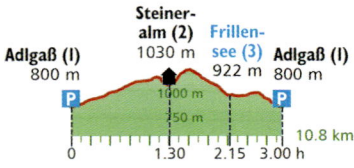

Talort: Inzell, 693 m.

Ausgangspunkt: Adlgaß, 800 m; 4,5 km von Inzell-Ortsmitte in östl. Richtung auf Asphaltstraße. Wanderparkplätze am Ende der Fahrstraße. Bus von Inzell.

Anforderungen: Forstwege und Bergwanderwege; der Übergang zum Frillensee erfordert Trittsicherheit. Überwiegend schattige Wanderung, daher auch im Hochsommer angenehm.

Höhenunterschied: 330 Hm im Auf- und Abstieg.

Einkehr: Forsthaus Adlgaß, 820 m (nahezu ganzjährig bewirtschaftet); Steineralm, 1030 m (Mitte Mai bis Mitte Oktober bew., 28 Lager, Tel. 08651/1201). Gh. in Inzell.

Tipp: Ein Teil der Route verläuft entlang eines Walderlebnispfades: Der 3,5 km lange Abschnitt entlang des Frillenseebachs zw. Forsthaus Adlgaß und Frillensee ist mit 19 Erlebnis- und Infostationen ausgestattet (ca. 2–3 Std., je nach Alter der Kinder), www.inzell.de/de/bergwalderlebnispfad

Der Frillensee am Fuße des Hochstaufens – Wiege des Eislaufs in Inzell.

Vom Wanderparkplatz in **Adlgaß (1)** schlendern wir zunächst zu dessen hinterem Ende, queren ein Brückerl und folgen sofort dem rechts abzweigenden Ziehweg in den Wald hinein (WW »Frillensee«). Bei der folgenden Abzweigung halten wir uns wiederum rechts und wandern am Frillenseebach entlang bergwärts. Bei der nächsten Gabelung links weiter, bis wir auf eine quer führende Forststraße stoßen. Wir queren diese bergwärts und folgen dem WW »Hochstaufen«. Bei der Straßengabelung links und bei den folgenden beiden Verzweigungen jeweils rechts weiter. Bald zweigt ein Ziehweg ab, der in einen Bergweg mündet. Auf diesem wandern wir nun bis zum bewaldeten Rande eines kleinen freien Kessels. Wenig unter uns liegt bereits die **Steineralm (2)**, die wir in wenigen Minuten erreichen. Dieses kleine Almensemble mit historischem Kaser und kleiner Kapelle ist ein Kleinod und daher auch gut für eine längere Rast geeignet. Im Sommer schützt ein großer Baum vor der Hitze und das weidende Vieh gibt die entsprechende idyllische Kulisse ab.

Anschließend queren wir den Kessel, steigen kurz an und treffen auf eine Forststraße, der wir talwärts folgen. Nach etwa einer halben Stunde Gehzeit zweigt links bei einem Wegweiser der Steig zum **Frillensee (3)** ab. Zunächst geht es eben durch Wald, dann auf auf einem wurzeligen Steig hinab. Falls wir zusätzliche Zeit mitgebracht haben, können wir diesen reizvollen Bergsee auf einem Bohlenweg umrunden (für schlechtes Wetter gibt es sogar eine Unterstandshütte am südlichen Ende des Sees). Vom nordwestlichen Ende des Sees folgen wir dann dem talwärts führenden Forstweg, halten uns bei einer Wegkreuzung links und folgen dem links abzweigenden Forstweg in einem Bogen westwärts, bis ein ausgeschilderter Wanderweg rechts abzweigt. Wir folgen diesem talwärts, queren einen Forstweg und erreichen so das **Forsthaus Adlgaß** und den Wanderparkplatz in **Adelgaß (1)**.

3.50 Std.

Im Bereich eines urzeitlichen Gletscherschliffs

Bei diesem Wandervorschlag verbinden wir zwei unterschiedliche Ansprüche: Zum einen wandern wir auf einem gemütlichen und breiten Familienwanderweg um den steilen Falkenstein und besuchen dabei den Gletschergarten. Er wurde 1936 beim Bau der Deutschen Alpenstraße von Geröll befreit und zeigt exemplarisch die gewaltigen Kräfte, die der Saalachgletscher während der letzten Eiszeit entwickelte. Die bis zu 400 Meter hohen Eismassen und das Schmelzwasser formten hier das Kalkgestein zu imposanten Gletscherschliffen mit Strudeltöpfen und Wasserrinnen. Außerdem wandern wir zu versteckten kleinen Bergseen, den Falken- und den Krottensee, und ersteigen einen kleinen Aussichtsberg.

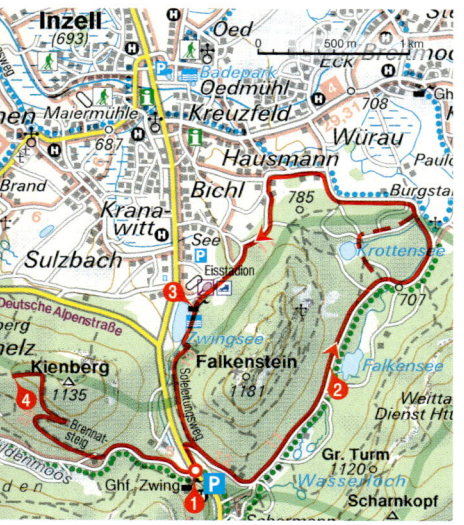

Talort: Inzell, 693 m.

Ausgangspunkt: Gh. Zwing, 710 m, auf halbem Weg zwischen Inzell und Weißbach a.d. Alpenstraße. Wanderparkplatz am Ausgangspunkt.

Anforderungen: Der Falkenstein-Rundweg ist ein breiter, gut beschilderter Wanderweg. Auf den Kienbergl führt zuerst ein breiter Forstweg, dann wird des ein schmaler, aber gut begehbarer Bergsteig. Bei Nässe jedoch Vorsicht. Trittsicherheit unbedingt erforderlich.

Höhenunterschied: 430 Hm im Auf- und Abstieg.

Einkehr: Gh. Zwing, Gh. Binderhäusel (beide ganzjährig bew.). Strandcafé Zwing am Zwingsee.

Variante: Nach etwa 30 Min. Gehzeit vom Falkensee können wir einen Abstecher (Wegverzweigung) zum Krottensee machen; von dort führt ein Weg am Bach entlang zurück zum Rundweg.

Vom **Gasthof Zwing (1)** unterqueren wir die Deutsche Alpenstraße und gehen dann auf dem breiten Wanderweg nach rechts, wobei wir uns immer auf dem Weg halten, der links um den Berg herumführt (rechts weist uns bald ein Schild auf den nahen Gletschergarten; für diesen kurzen Abstecher zum 500 Meter entfernt gelegenen Gletscherschliff aus der letzten Eiszeit benöti-

Blick von Nordosten auf Falkenstein (Bildmitte) und Kienbergl (rechts).

gen wir 20 Minuten). Zwischen aufstrebenden Felswänden hindurch – vorwiegend durch Wald – gelangen wir dann zu Weideflächen. Nach 20 Min. erreichen wir den **Falkensee (2)**, Unterstandshäuschen. Auf dem Rundweg weiter, bis nach 15 Minuten Gehzeit der östliche Teil von Inzell ins Blickfeld rückt. Bei den ersten Häusern links und auf der Teerstraße zum Gasthaus Binderhäusel. Dort links Richtung Wald und auf schattigem Steig bis zum Inzeller Eisstadion. Weiter zum Natursee Zwing mit **Strandcafé Zwing (3)**, dort links vorbei, dann steil hinauf auf dem nun wieder breiten Wanderweg zur Deutschen Alpenstraße und zurück zum **Ausgangspunkt (1)**.

Von hier aus erklimmen wir nun den Kienbergl: Auf dem breiten Wirtschaftsweg (Mark. 5/6) gehen wir leicht ansteigend durch Wald in Richtung Wildenmoos und Schmelz. Nach einer knappen Viertelstunde zweigt rechts ein schmaler Steig (Mark. 28) ab, der uns die steile südliche Bergflanke in Serpentinen hinauf leitet. Durch lichten Bergwald, teilweise über schrofiges Gelände, bis sich der Weg nach etwa weiteren 30 Minuten auf einer Schneide verzweigt (Wegweiser »Kien-

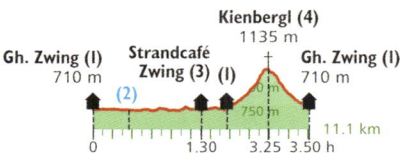

bergl«). Hier nun links zum Gipfel des **Kienbergls (4)** mit Gipfelkreuz und herrlicher Aussicht auf Inzell.

Die Rückkehr erfolgt auf dem Anstiegsweg.

Rundtour auf einen klassischen Aussichtsberg

Diese großartige Rundtour bringt uns zuerst zu einigen beliebten Einkehralmen, dann leitet uns ein Steig hinauf zum Inzeller Kienberg, einem herrlichen Aussichtsberg mit Tiefblick auf Inzell und Ruhpolding. Der Abstieg auf der Nordseite ist abwechslungsreich, und eine Einkehr im Gasthaus Zwing belohnt uns für den steilen Abstieg.

Talorte: Inzell, 693 m, bzw. Weißbach a.d. Alpenstraße, 612 m.

Ausgangspunkt: Gh. Zwing, 710 m, auf halbem Weg zwischen Inzell und Weißbach a. d. Alpenstraße. Wanderparkplatz am Ausgangspunkt.

Anforderungen: Markierte Bergsteige, die etwas Schwindelfreiheit und Trittsicherheit voraussetzen; der Abstieg zur Schmelz ist steil. Im Aufstieg wie im Abstieg kann auf breite Forstwege ausgewichen werden.

Höhenunterschied: 880 Hm im Auf- und Abstieg.

Einkehr: Gh. Zwing, Gh. Schmelz (beide sind ganzjährig bewirtschaftet). Kaitelalm (ganzj. bew., im Winter nur Sa./So.),

Inzeller Kienberg (li.) und Rauschberg (re.) dominieren die Bergkulisse von Inzell.

Kienbergalm (im Sommer einfach bew.).

Variante: Falls wir auf den Anstieg zum Streicher verzichten wollen, können wir auch den leichten Abstieg über die Forststraße wählen: Von der Kienbergalm den Almfahrweg hinab zur Forststraße, uns dort rechts halten (Mark. 20) und dieser talwärts folgen. Bei der ersten Abzweigung nach rechts verlassen wir diese und wandern über die Pointner-Diensthütte weiter hinab (Abkürzer), ab dort Forststraße; wir halten uns bei den nächsten beiden Wegverzweigungen rechts und erreichen so die Deutsche Alpenstraße. Auf dieser rechts weiter hinab zum Gasthof Schmelz; dort weiter wie Route durchs Wildenmoos.

Vom **Gasthof Zwing (1)** gehen wir am Waldrand den anfänglich breiten Wirtschaftsweg links (Ww. »Alpensteig«, Mark. 21) hinauf. Nach 10 Min. zweigt rechts der Bergsteig ab, der uns in nur leichter Steigung hinauf bis zur Kaitelalm führt, die letzten Minuten bis zur Alm (Scheitelpunkt) bewegen wir uns auf einer Forststraße. Bei der **Kaitelalm (2)** folgen wir dem schmalen, nordwärts führenden Steig (Beschilderung) hinauf zur aussichtsreich gelegenen **Kienbergalm (3)**. Das Stück zum kreuzbesetzten Gipfel des Streichers bewältigen wir in einer Viertelstunde, wobei wir den

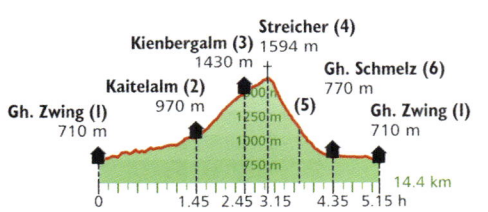

schmalen Pfad wählen, der am Beginn des Wirtschaftsweges rechts am Rand der Almwiesen hinauf in den Sattel zwischen **Streicher (4)** und Zenokopf führt und von dort links zum großen, aber schlichten Gipfelkreuz leitet. – Wenige Meter auf dem Anstiegsweg zurück, links durch die Viehsperre, und nordwärts den steilen, von Felswänden eingefassten Graben hinab in das große Schuttkar der »Schneegrube« auf dem sogenannten **Knappensteig (5)**, Mark. 18, weiter in Richtung Inzell. Im unteren Drittel des Steigs können wir die letzten Reste (Galmei, Bleiglanz und Eisenerz) des früher hier betriebenen Bergbaus sehen. Nach etwa einer Stunde Gehzeit überqueren wir eine Forststraße; kurz danach vorbei an der »Fahrisboden«-Kapelle und auf Ziehweg hinunter zur Deutschen Alpenstraße. Dort gehen wir rechts haltend an dieser ein kurzes Stück entlang in Richtung Osten und folgen dann links der Zufahrtsstraße hinab zum **Gasthaus Schmelz (6)**. Hier weiter rechts haltend unter der Bundesstraße hindurch und der breiten Sandstraße folgen, die uns vorbei am Wildmoos und zwischen Kienbergl und Maierknogel hindurch zurück zum Wanderparkplatz **Zwing (1)** leitet.

Auf einen stillen Randberg der Chiemgauer Alpen

Das Ristfeuchthorn zeichnet sich durch eine markante Gestalt aus; diese kommt jedoch nur von der Saalachseite voll zur Geltung. Der Anstieg von Weißbach aus ist zunächst unspektakulär, gewährt aber am Ende der Wanderung einen großartigen Gipfelrundblick.

Talort: Weißbach/Alpenstraße, 612 m.
Ausgangspunkt: Von Inzell kommend 50 m nach dem Ghf. Stabach rechts ab und nach 200 m wieder rechts über Brückerl, geradeaus weiter, bis nach weiteren 200 m das Ende der Asphaltstraße erreicht ist. Hier kleiner Wanderparkplatz.
Anforderungen: Im unteren Teil Forstweg, im oberen Teil Bergsteig ohne Probleme, auch für Kinder geeignet. Rot-weiß markiert.

Höhenunterschied: 960 Hm im Auf- und Abstieg.
Einkehr: Unterwegs keine; evtl. Abstecher zur Sellarnalm (45 Min. Hin- und Rückweg, im Sommer einfach bew.).
Variante: Von der Sellarnalm führt ein schmaler Almfahrweg hinab nach Melleck (ca. 1 Std.). Von dort Oberbayernbus nach Bad Reichenhall.
Tipp: Abstecher vom Ausgangspunkt in die nahe gelegene Weißbachschlucht.

Vom Wanderparkplatz in **Weißbach (1)** links über das Brückerl, das uns sogleich in den Wald hineinführt. Nun folgen wir dem ausgeschilderten Forstweg links hinauf, bis wir nach 10 Minuten Gehzeit auf eine Wegverzweigung treffen. Wir nehmen den linken Abzweiger der sich hier trennenden Forstwege (Ausschilderung »Ristfeuchthorn«), und steigen mäßig steil immer höher.

Das buckelige Ristfeuchthorn, aus dem Saalachtal gesehen.

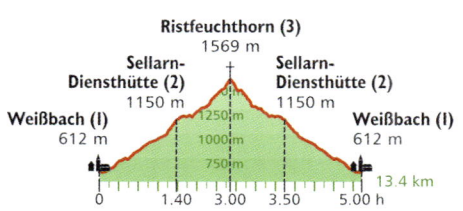

Nach etwa 50 Minuten verlassen wir den zum Teil schattigen Forstweg nach rechts, der steiler ansteigende Bergsteig beginnt nun. Auf Serpentinen steigen wir immer durch Wald höher. Wir überqueren zweimal den kreuzenden Forstweg, wandern vorbei an der **Sellarn-Diensthütte (2)** und gelangen nach einer halben Stunde oberhalb des Holzschlagplatzes zu einer weiteren Wegverzweigung (rechts führt der Steig zur Sellarnalm und hinab nach Melleck). Der Weg zum Gipfel verläuft nun links weiter, auf die Südwestseite des Bergstocks wechselnd. Auf dem schattigen Steig zuerst nur sanft, dann etwas steiler ansteigend, ostwärts immer höher, bis wir auf den von Schneizlreuth kommenden Steig treffen. Hier Richtung Norden und das letzte Stück durch Latschen zum **Gipfel des Ristfeuchthorns (3)** hinauf steigen. Zurück nach **Weißbach (1)** auf demselben Weg.

Einsamer Nebengipfel des Sonntagshorns

Wanderung durch eine urwüchsige Berglandschaft zu einem unspektakulären Gipfel im Sonntagshornstock. Das Aibleck zeichnet sich nichtsdestotrotz durch einen wunderbaren Panoramablick aus. Vor allem der höchste Gipfel der Chiemgauer Alpen – das Sonntagshorn – wirkt von dieser Seite besonders spektakulär. Auf das Aibleck gehen Wanderer meist nicht so häufig und daher ist diese Tour so richtig etwas für Einsamkeitssucher. Man wird höchstens einem Jäger oder Forstarbeiter begegnen.

Talort: Weißbach/Alpenstraße, 612 m.
Ausgangspunkt: Von Inzell kommend 50 m nach dem Gh. Stabach rechts weg und nach 200 m rechts über Brückerl, geradeaus weiter, bis nach 200 m das Ende der Straße erreicht ist. Kl. Wanderparkplatz. Weitere Parkmöglichkeiten im Ort.
Anforderungen: Unschwieriger Bergsteig, etwas Trittsicherheit erforderlich; an einigen abrutschgefährdeten Stellen befinden sich Seilsicherungen. Rot-weiße Markierung.

Höhenunterschied: 1150 Hm im Auf- und Abstieg.
Einkehr: Unterwegs keine, Gh. in Weißbach a. d. Alpenstraße.
Variante: Abstecher zum Ristfeuchthorn (Forststraße vom Sattel) und durch das Scharnbachtal absteigen (s. Tour 9).

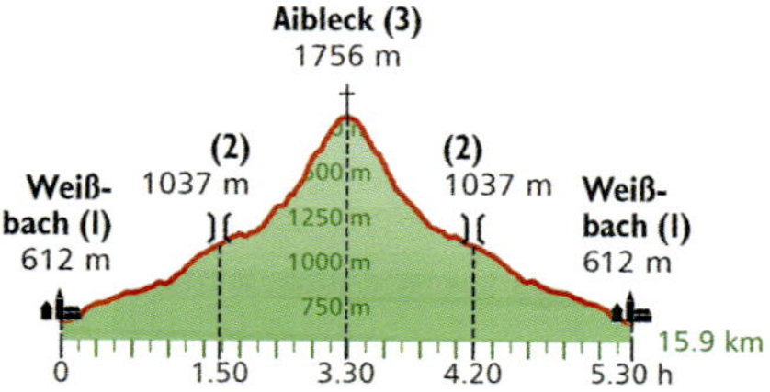

Das Aibleck liegt versteckt am Ende stiller Gebirgstäler.

Vom Parkplatz in **Weißbach (1)** links über das Brückerl, dann nach 25 m rechts weg auf einen Ziehweg (der Weg geradeaus führt zum Ristfeuchthorn) in den Wald. Wir folgen ihm für einige Minuten, bis wir erneut auf eine Wegverzweigung stoßen; wir halten uns nun rechts und wandern sanft ansteigend durch den schattigen Wald. Rechts unter uns sehen wir die Forststraße, die den Litzlbach entlangführt. Nach einer halben Stunde treffen wir auf eine Fahrstraße, bleiben kurz auf ihr und verlassen sie wieder nach rechts (rot markiert), wobei wir immer einem Wildschutzzaun entlangwandern. Der Weg verengt sich nun immer mehr zu einem Bergsteig. Nach einer Dreiviertelstunde queren wir den Litzlbach; jenseits geht es nun etwas steiler empor, es folgen einige abschüssige Stellen, bevor wir auf den Teyerbach stoßen, dann steigen wir hinauf auf einen grasigen **Sattel (2)**, 1037 m, den wir nach knapp 2 Stunden Gehzeit erreichen. Jenseits des tief eingeschnittenen Grabens sehen wir die Felsabbrüche des Bogenhorns, rechts hinten die Unzentaler Riedel, unter denen der Steig vorbeiläuft. Unsere Route führt nun südwestwärts weiter, stets durch Wald ansteigend, in das Unzental (etwa 1 Stunde nach dem Sattel). An dessen Ende steigt der Pfad steil an – hier einige Sicherungen – und führt uns hinauf zum Sattel zwischen Aibleck und Ochsenhorn. Sodann rechts weiter zu einer Weggabelung (WW »Sonntagshorn« nach links). Zuletzt geht es rechts haltend durch Latschengassen, und auf den Doppelgipfel des **Aiblecks (3)**. Gipfelkreuz mit Gipfelbuch.
Die Rückkehr nach **Weißbach (1)** erfolgt auf dem Anstiegsweg.

Auf einem stillen Weg zum höchsten Gipfel der Chiemgauer Alpen

Das Sonntagshorn gehört zweifelsohne zu den meistbesuchten Gipfeln in den Chiemgauer Alpen, sommers wie winters. Versucht man sich auf dem hier vorgestellten Roßkarsteig, wird man sogar weitgehend allein bleiben können; für den meistbegangenen Steig aus dem Heutal benötigt man nur knappe drei Stunden, ein Vorteil, den die meisten Bergwanderer nutzen. Ein umfassender Gipfelrundblick auf die Bergwelt der Chiemgauer und Berchtesgadener Alpen sowie der Loferer Steinberge belohnt uns dann für den längeren Aufstiegsweg.

Talort: Melleck, ca. 638 m; Streusiedlung am ehemaligen Grenzübergang Steinpass.

Ausgangspunkt: Brücke über den Steinbach am Steinpass, direkt an der Staatsgrenze. Zu Fuß erreichbar vom Gh. Motzenwirt am Berg entlang. Oder Anfahrt durch den Wendelbergtunnel, am Ausgang gleich rechts und weiter zum Brückerl, das zugleich die Staatsgrenze markiert. Kleiner Parkplatz am Ausgangspunkt bzw. beim Gh. Motzenwirt.

Anforderungen: Zuerst breiter Wirtschaftsweg), dann gut begehbarer Steig, etwas Trittsicherheit erforderlich (gutes Schuhwerk).

Höhenunterschied: 1370 Hm im Auf- und Abstieg.

Einkehr: Unterwegs keine. Gh. Motzenwirt in Ristfeucht sowie Gh. in Unken.

Variante: Wer nicht zum Ausgangspunkt zurück muss, kann diese Wanderung auch mit Tour 12 oder 13 verknüpfen und nach Unken bzw. ins Heutal absteigen.

Unmittelbar bei der **Brücke (1)** über den Steinbach am Ortsende von Melleck rechts auf der Forststraße (Wegweiser) den Bach entlang. Bald queren

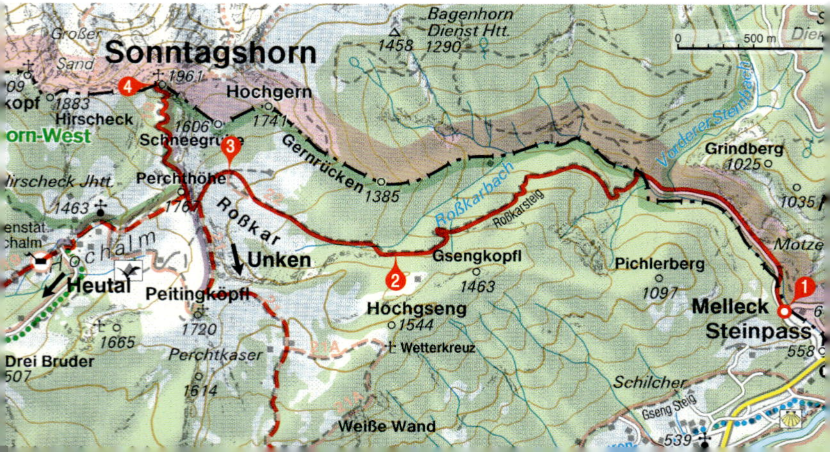

Am Gipfel des Sonntagshorns, dem höchsten Gipfel der Chiemgauer Alpen.

wir den Steinbach, der von rechts heranfließt. Nach wenigen Metern wechseln wir auf die linke Seite des Hinteren Steinbachs, wo die Forststraße bald endet. Nach 10 Minuten verlassen wir den Bachlauf und steigen nach links (Beschilderung) steil hinauf Richtung Roßkar (»Roßkarsteig« Mark. 22, rot-weiß). Der Weg führt in Serpentinen durch lichten Mischwald hoch, dann ziemlich eben weiter, bis er erneut in Serpentinen übergeht. Nach insgesamt 2 Stunden erreichen wir das verwachsene Weidegebiet der **Ennsmann-alm (2)**. Den Markierungen folgend, gehen wir eine Viertelstunde lang weiter durch lichten Wald, bis wir die freien Weideflächen erreichen.

Immer in Richtung Sonntagshorn-Gipfel weiter, der sich nun steil vor uns aufbaut. In weitem Bogen aufwärts, bis wir nach einer weiteren halben Stunde oben im Roßkar auf einen befahrbaren Almweg treffen. Auf ihm links durch freies Gelände hinauf zum **Roßkarsattel (3)** – 10 Min.; Weg-Nr. 21, rot-weiß –, wo wir auf den vom Heutal heraufkommenden Weg treffen. In weiten Ser-

pentinen durch den Süd-hang des Sonntagshorns durch Latschen und über Grashänge hinauf zum Gipfelkreuz des **Sonn-tagshorns (4)**, 1 Std. ab Roßkarsattel.

Die Rückkehr zur **Brü-cke (1)** über den Stein-bach erfolgt auf dem An-stiegsweg.

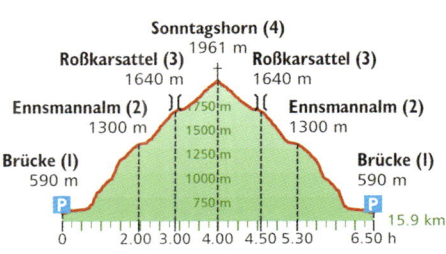

Peitingköpfl, 1720 m, und Wetterkreuz, 1537 m

Auf zwei Trabanten des Sonntagshorns

Das Peitingköpfl kann, obwohl es vom dominierenden Sonntagshorn über- ragt wird, als selbständiger Wandergipfel angesehen werden. Immerhin schmückt ein Gipfelkreuz seinen felsigen Aufbau. Der nach Osten steil abfal- lende Gipfel lässt sich von der Westseite her leicht ersteigen und ermöglicht uns einen herrlichen Blick nach Osten auf Reiter Alm, Loferer und Leoganger Steinberge sowie nach Westen auf den Wilden Kaiser.

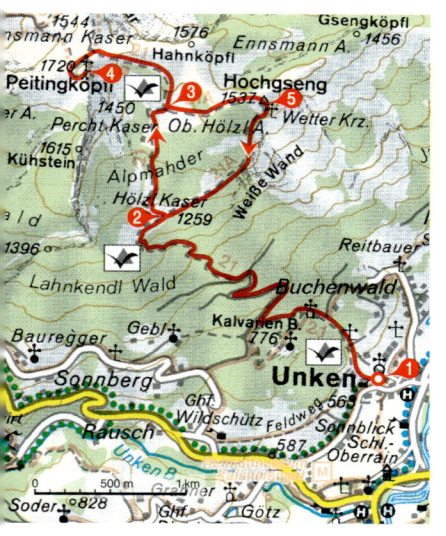

Talort: Unken, 563 m, im österreichi- schen Saalachtal mit schöner Kirche, ei- nigen Gasthäusern, Hallen- und Freibad.
Ausgangspunkt: Anfahrt über ehemali- ge Grenzstation Steinpass; in Ortsmitte rechts weg von der Hauptstraße in Rich- tung Heutal; nach 300 m Parkplatz links unterhalb der Pfarrkirche.
Anforderungen: Zum Teil gute Berg- steige, etwas Orientierungssinn nötig, ein kurzes Stück Weg führt auf der Forst- straße entlang; Trittsicherheit ratsam; rot- weiß markiert.
Höhenunterschied: 1160 Hm im Auf- und Abstieg.
Einkehr: Unterwegs keine; Gh. in Un- ken.
Tipp: Mit Tour 11 kombinierbar.

Am Parkplatz in **Unken (1)** gehen wir zunächst zu unseren oberen Ende rechts die asphaltierte Straße hinauf und hinter den Häusern auf den Waldrand zu, dann zum weithin sichtbaren Eggerkreuz. Dort links durch das Gatter, dann wieder rechts, und sodann hinauf zum Aussichts- punkt mit Bänkchen. Wir folgen nun weiter dem Schild »Kalvarienberg« und erreichen nach etwa 30 Minuten die Ölbergkapelle. Hier nun nicht den lin- ken, besser ausgebauten Weg über den Steg nehmen, sondern die rechte Abzweigung, wo wir bald in jungem Mischwald verschwinden. Nach 10 Mi- nuten zweigt die Route rechts ab. (Beschilderung »Peitingköpfl«) und führt hinauf zur breiten Forststraße. Rechts auf dieser 20 Minuten weiter bergan. Nach der zweiten großen Kehre links (am Holzlagerplatz), dann nach 50 Me- tern rechts. Nun immer der Wegmarkierung Nr. 21 folgend auf Ziehweg (bei

Blick vom Aufstieg zum Peitingköpfl auf den Bergstock der Reiter Alm.

der nächsten Wegverzweigung gehen wir geradeaus) bergan. Nun können wir den Almsteig nicht mehr verfehlen, der uns in 45 Minuten zum **Hölzl-Kaser (2)** leitet. An diesem links vorbei und auf schönem Steig durch Wald hinauf zu Perchtkaser und **Oberem Hölzlkaser (3)**. Hier zweigt rechts der Weg Nr. 21a zum Wetterkreuz südlich des Hochgseng ab (Beschilderung, zuerst über Almwiesen, dann durch Wald zum Gipfel in 20 Minuten). Wir aber gehen links an der schön gelegenen Oberen Hölzlalm vorbei, den Steigspuren folgend, hinauf auf die Perchthöhe (30 Min.). Dann links auf markiertem Pfad (Nr. 20a) an den Fuß des **Peitingköpfls (4)**, das wir im Linksbogen umwandern und von Westen her über einen freien Hang ersteigen.

Für den Abstieg bauen wir eine kleine Variante ein. Wir gehen zurück zum

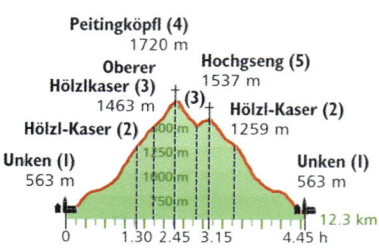

Perchtkaser und folgen dort links den Weg über den **Oberen Hölzlkaser (3)** hinauf zum **Hochgseng (5)**, Wetterkreuz, 1537 m. Von dort folgen wir rechts haltend dem Wanderweg oberhalb der Weißen Wände hinab zum **Hölzlkaser (2)**, wo wir wieder auf den Anstiegsweg treffen, dem wir nun nach links talwärts nach **Unken (1)** folgen.

13 ### Sonntagshorn, 1961 m, aus dem Heutal

4.50 Std.

Der kürzeste Weg auf den höchsten Berg der Chiemgauer Alpen

Der beliebteste Anstieg auf das Sonntagshorn beginnt im Heutal, denn er ist mit Abstand der kürzeste. Neben einem bequemen Steig – der im Sommer jedoch stark der Sonne ausgesetzt ist – bietet er auch am Ausgangspunkt und unterwegs ansprechende Einkehrmöglichkeiten. Die Ersteigung des höchsten Chiemgauer Gipfels, der die 2000-Meter-Marke nur knapp verfehlt, wird mit einer grandiosen Rundsicht auf die Chiemgauer und Berchtesgadener Alpen sowie auf die Loferer Steinberge belohnt.

Talort: Unken, 563 m, im österreichischen Saalachtal mit schöner Kirche, einigen Gasthäusern, Hallen- und Freibad.
Ausgangspunkt: Heutal; Anfahrt von Unken-Dorfmitte auf gut ausgebauter, zum Teil in steilen Serpentinen hochführender Asphaltstraße (Mautstraße) Richtung Westen hinauf ins 1000 m hoch gelegene Heutal, 9 km ab Bundesstraße. Wanderparkplätze am Talende bzw. entlang der Straße vor dem Gh. Heutaler Hof bzw. an der Zufahrtsstraße nach Hochalm.
Anforderungen: Gut begehbarer und bezeichneter Alm- bzw. Wanderweg, am

Gipfelaufbau breiter Bergsteig. Stark der Sonne ausgesetzt, also Kopfbedeckung mitnehmen.
Höhenunterschied: 990 Hm im Auf- und Abstieg.
Einkehr: Alpengasthof Heutaler Hof (ganzjährig bew., Übernachtung); Jausenstation Hochalm, 1430 m (priv., im Sommer durchgehend, im Winter Sa./So. bew.); Jausenstation Fischbachstüberl.
Tipp: Mit Tour 11 kombinierbar. Oder vom Heutal die leichten Wanderungen zur Winklmoosalm und zum Gh. Moar Lack im Hintergföll an (s. Tour 15).

Die sanfte Seite des ansonsten abweisenden Sonntagshorns: Gipfelaufbau von Süden.

Vom Parkplatz vor dem Gasthaus im **Heutal (1)** gehen wir etwa 100 Meter in östlicher Richtung auf der Straße zurück, und folgen dann dem links abzweigenden breiten Fahrweg, der leicht bergauf ins Angerertal führt. Bei der ersten Verzweigung rechts. Bei der nächsten Weggabelung (rechts kleine Brücke) geradeaus weiter und auf einem steinigen Bergwanderweg (Mark. 19), der sich weiter oben zu einem Pfad verengt durch Bergwiesen und durch Wald hinauf. Wir queren eine Forststraße und über einen gestuften Weg hinauf zu den auf einem Absatz liegenden Hochalmen. Die letzten Meter wandern wir dabei auf einem Wirtschaftsweg zur Jausenstation **Hochalm (2)**, bei der wir eine gemütliche Rast einlegen.

An der Jausenstation auf dem Fahrweg kurz weiter zur Kapelle und bei einer Rechtskurve geradeaus weiter auf einem Wanderweg. Wir steigen dann sanft durch Almwiesen weiter an, bis zum Ende des Hochtals. Jetzt wird es steiler. Über einen baumbestandenen Hang in Serpentinen hinauf zur **Perchthöhe (3)**, dem Südrücken des Sonntagshorns, wo uns ein Blick auf die andere Seite hinab ins Roßkar erwartet. Links weiter und ziemlich steil über weitläufig angelegte Serpentinen auf schmalem Pfad durch Latschen und über Bergmähder hinauf zum Gipfelkreuz des **Sonntagshorns (4)**, wo uns eine grandiose Rundsicht für die Mühen des Anstiegs belohnt.

Der Abstieg zurück nach **Heutal (1)** erfolgt auf dem Anstiegsweg.

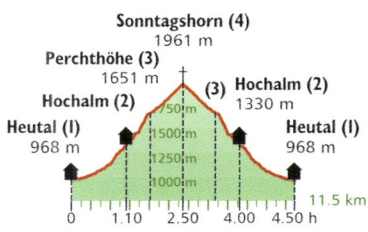

Auf das südlichste Almgebiet der Chiemgauer Alpen

Diese Rundwanderung, die uns von Lofer, dem schönsten Ort im Unterpinzgau zunächst zur Almsiedlung Thälernalm, dann hinauf auf die weitläufige Loferer Alm führt, verbindet eine abwechslungsreiche Wanderung mit zahlreichen Einkehrmöglichkeiten. Großartig vor allem ist der beeindruckende Blick auf die Felsgipfel der Loferer Steinberge, die sich jenseits des Taleinschnitts auf ihrer Südseite erheben. Als kleine Kraxeleinlage bietet sich auf dieser ansonsten leichten Tour der Abstecher zum Dietrichshorn an, der höchsten Erhebung auf diesem buckligen Almgebiet.

Talort: Lofer, 630 m; alter Markt im Land Salzburg mit sehenswertem Ortskern.

Ausgangspunkt: Wanderparkplatz an der alten Bundesstraße zw. Unken und Lofer, etwa 3 km von Lofer (nicht in den Tunnel einfahren) bzw. vom Krepperhof etwas oberhalb. Der Krepperhof befindet sich 1,5 km oberhalb der Bundesstraße (Zufahrt nur über Lofer-Ortsmitte und die Loferer-Alm-Straße möglich). Alternativ Zugang vom Soderbauer – ebenfalls an der alten Bundesstraße, dort keine Parkmöglichkeiten. Zufahrt daher nur mit dem Bus von Unken nach Lofer möglich.

Anforderungen: Überwiegend Forst- und Almwege, z. T. auch Bergsteige.

Höhenunterschied: 790 Hm im Auf- und Abstieg.

Einkehr: Jausenstation Krepper (Mi. Ruhetag), Haus Schönblick (kein Ruhetag), Soderkaser (kein Ruhetag), Berghotel »Haus Gertraud in der Sonne« (Mittwoch Ruhetag; Tel. 0043/6588/7303) auf der Loferer Alm; bei Schlechtwetter sind diese Einkehrstationen in der Regel geschlossen.

Variante 1: Die Loferer Alm ist von Lofer mit einer Gondelbahn erreichbar (tägl. von Ende Mai bis Ende Sept., 9 bis 17 Uhr; bei schönem Wetter). Von der Mittelstation führt ein Erlebnis-Wanderweg über 12 Stationen entlang des Wasserfallweges hinauf zur Loferer Alm (Gehzeit ca. 1 Std.).

Variante 2: An der Almstraße halten wir uns rechts und gehen direkt auf das Dietrichshorn zu. An seiner Westseite (Schild) ist ein leichter Klettersteig mit Drahtseilen und einer Leiter zum Gipfel (nur für Geübte; Trittsicherheit und Schwindelfreiheit erforderlich, 30 Min. im Anstieg).

Vom **Wanderparkplatz (1)** an der alten Bundesstraße kurz vor Lofer gehen wir auf dem gesperrten Zufahrtsweg 20 Minuten über Hangwiesen hinauf zur **Jausenstation Krepper (2)**. Dort links, an der Sperre vorbei und zum Beginn der Forststraße (Mark. 9, rot). Wir halten uns erneut links und steigen steil etwa 20 Minuten durch Wald an. Bei der nächsten Abzweigung rechts weiter (WW »Zur Sodervokenalm«, Mark. 9a). Der Weg verengt sich nun und führt in einem Halbbogen am Anstiegsweg, der vom Sodernbauern hochkommt. Auf der breiten Almstraße links hinauf zur rechts vom Weg gelegenen Sodervokenalm, 1038 m. Bei der Wegverzweigung rechts weg in Richtung Thälernalm, die wir in östlicher Richtung ansteigend in einer Stunde erreichen. Dort links den Hang hinauf zu Wegverzweigung, dann rechts

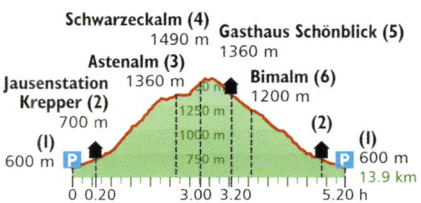

durch die Südflanke des Dietrichshorns auf Steig hinüber zur Schneide oberhalb der **Astenalm (3)**, wo man nach 20 Minuten auf Höhe der Hornwiesalm (liegt auf der anderen Seite) auf die breite Almstraße trifft. (Von hier könnten wir einen Abstecher zum Gipfel des Dietrichshorns, 1545 m, einlegen.) Wir wandern links weiter auf der Sandstraße, die eben zu den ersten Almen der **Schwarzeckalm (4)** hinüberführt. Dort steil aufwärts, dann im Rechtsbogen durch die Bergwiesen hinab zur eigentlichen Loferer Alm. – Nach einer eventuellen Stärkung im **Gasthaus Schönblick (5)** gehen wir auf der Fahrstraße ein Stück abwärts zum bewirtschafteten Soderkaser und folgen von dort dem Wegweiser in Richtung **Bimalm (6)** zur Sodervokenalm (Mark. 9). Über Almpfad und Almwiesen weiter bis zu einer Wegverzweigung (15 Min.), dort links in Richtung Osten weiter, wo uns dann im folgenden ein schmaler Pfad die Richtung weist. Wir wandern nun immer durch Wald, zuletzt auf Wirtschaftsweg, hinab zur Sodervokenalm. Ab hier auf dem Anstiegsweg zurück zum **Wanderparkplatz (1)** an der alten Bundesstraße.

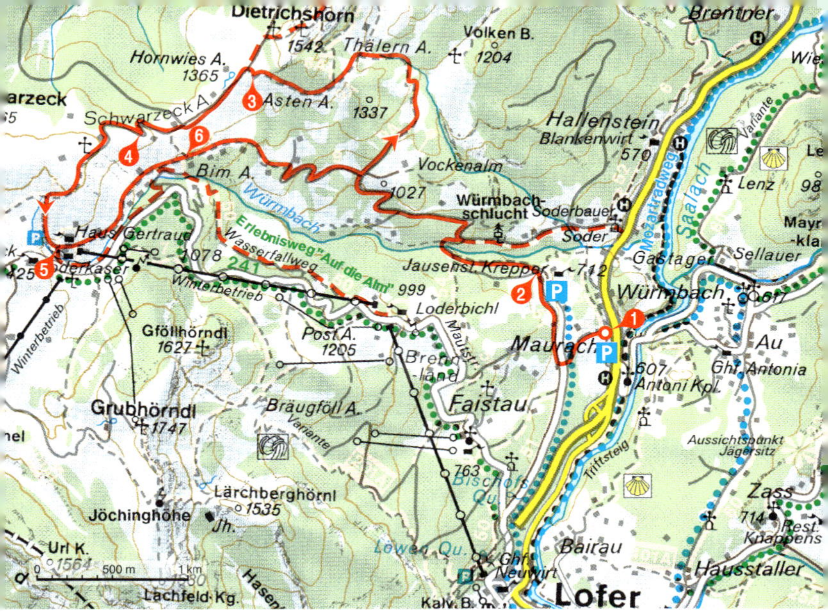

Rundtour durch eine stille Bergwiesenlandschaft

Die Winklmoosalm ist vielen vielleicht nur als Winterziel ein Begriff, doch auch im Sommer und im Herbst zieht es Ausflügler und Wanderer auf die ausgedehnte Hochebene. Abseits des Ausflugtrubels finden sich sehr schöne und abwechslungsreiche Wanderwege. Die eindrucksvollen Nordabstürze der Loferer Steinberge haben wir dann auf den Gföller Mähder im Blick, sicherlich der schönste Abschnitt der gesamten Wanderung.

Talort: Reit im Winkl, 695 m.
Ausgangspunkt: Winklmoosalm, 1160 m. Anfahrt auf Mautstraße von Seegatterl, 764 m, an der Deutschen Alpenstraße, 5 km östl. von Reit im Winkl, dann 4 km Mautstraße. Großer Parkplatz in Seegatterl bzw. auf der Winklmoosalm, am Ende der Fahrstraße. Buslinie 9507 von Seegatterl, ab Ende Mai.
Anforderungen: Breite Almwege und Forststraßen, ein kurzes Stück führt über leicht begehbaren Almsteig.
Höhenunterschied: 120 Hm im Auf- und Abstieg.
Einkehr: Unterwegs keine; evtl. Abstecher zum Gh. Moar Lack, 1020 m (ganzj. bew., zzt. geschl.). Traunsteiner Hütte, 1160 m (ganzjährig bew., Mi. Ruhetag,

29 Betten, 22 Lager; Tel. 08640/8140, www.traunsteinerhuette.de).
Berggh. Almstüberl, Gh. Winklmoosalm; Gh. Seegatterl (alle ganzj. bew.).
Variante: Am Wendepunkt dieser Tour, beim Ochsenbrunn, können wir einen Abstecher zum Gh. Moar Lack machen (kleiner Abstieg auf Forstweg; zusätzlich 45 Min. hin und zurück).
Tipp: Kurz nach Beginn der Wanderung können wir einen Abstecher zur Muckklause unternehmen (ausgeschilderter Wanderweg; 30 Min. hin und zurück), einem Stauwehr für den früher hier betriebenen Holztransport. Das aus dem Jahre 1792 stammende Bauwerk wurde aufwändig restauriert und steht heute unter Denkmalschutz.

Vom Wanderparkplatz auf der **Winklmoosalm (1)** gehen wir eben Richtung Südosten, vorbei am Berggasthaus Almstüberl, dann rechts, immer durch Almgelände. Auf breitem Weg nun durch eine abwechslungsreiche Landschaft mit Tannen, Kiefern und Blumenwiesen. Bald treffen wir auf die Abzwei-

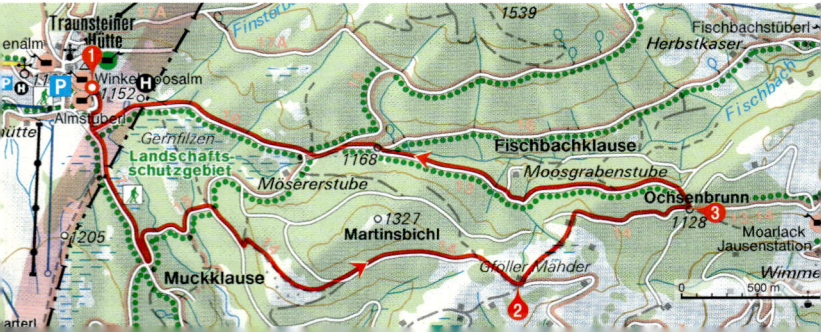

Die Winklmoosalm bietet ein weitläufiges Wandergebiet mit leichten Wegen.

gung zur alten Holztriftstation »Muck-Klause« (s. Tipp). Nach einer halben Stunde Gehzeit Abzweigung nach links, durch Wald. Nach weiteren fünf Minuten halten wir uns rechts (links geht es zurück zur Winklmoosalm), wo wir in wenigen Minuten auf einen Steig treffen, der uns links weg von der breiten Forststraße zu den Wielandseitenalmen hinauf leitet (Mark. 14, rot-weiß). Oberhalb der Almhütten queren wir die Mähder ostwärts, dann wandern wir wieder hinein in den Wald, wo wir auf eine Forststraße treffen. Auf ihr weiter in Richtung Osten. Nach 20 Minuten stoßen wir auf die ersten Almwiesen der verstreut liegenden **Gföller Mähder (2)**. Bei einer Heuhütte gehen wir links hinauf, passieren ein Gatterl, und wandern dann jenseits leicht fallend hinab. Eine halbe Stunde von den Wielandseitenalmen treffen wir auf eine Wegkreuzung. Dort links Richtung »**Ochsenbrunn**« **(3)**. Nach der letzten Almwiese und kurz nachdem wir wieder den Wald betreten haben, stoßen wir auf eine Forststraße, der wir nach rechts folgen (nach links endet diese auf einem Holzlagerplatz). Auf dieser leicht abfallend in einer Viertelstunde zu einer Wegkreuzung (rechts geht es hinunter zum Gh. Moar Lack und weiter ins Heutal). Wir gehen links (Mark. 13) und folgen dem Wegweiser »Winklmoosalm« auf der breiten Almstraße nahezu eben, bis wir nach 40 Minuten durch Wald auf den vom Heutal heraufkommenden »Landweg« (den historischen Übergang zwischen Pinzgau und Chiemgau) bei der »Kreuzbruck« treffen. Auf diesem zurück zur **Winklmoosalm (1)**.

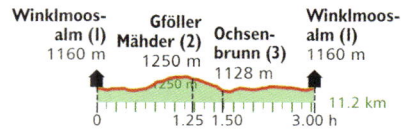

Auf den Aussichtsberg über der Winklmoosalm

Das Dürrnbachhorn, das von Norden wilde, steile Abstürze aufweist, ist von Süden, also von der Winklmoosalm, leicht zu besteigen. Mit der Sesselbahn auf das Dürrnbacheck kann man die Auf- oder Abstiegswege entscheidend verkürzen, was besonders für Familien mit kleinen Kindern angenehm sein dürfte. Von seinem höchsten Punkt haben wir einen herrlichen Tiefblick auf die Badeseen an der Deutschen Alpenstraße – Weitsee, Mittersee und Lödensee – sowie großartige Panoramablicke auf die Loferer Steinberge, die Chiemgauer Alpen und die Berchtesgadener Alpen.

Talort: Reit im Winkl, 695 m.

Ausgangspunkt: Winklmoosalm, 1160 m. Anfahrt von Seegatterl, 764 m, an der Deutschen Alpenstraße (5 km östl.von Reit im Winkl), von dort 4 km Mautstraße. Großer Parkplatz in Seegatterl bzw. auf der Winklmoosalm, am Ende der Fahrstraße. Buslinie 9507 von Seegatterl, ab Ende Mai.

Anforderungen: Problemlose Wanderung auf Wirtschaftswegen und gutem Bergsteig. Vorsicht jedoch auf dem Rückweg, der Gratweg in Richtung Wildalphorn führt stellenweise an der Abbruchkante entlang.

Höhenunterschied: 620 Hm im Auf- und Abstieg.

Einkehr: Jausenstation an der Bergstation der Sesselbahn. Finsterbachalm, 1323 m (im Sommer bewirtschaftet). Traunsteiner Hütte, 1160 m (AV-Hütte, ganzjährig bew., Mittwoch Ruhetag, 29 Betten und 22 Lager; Tel. 08640/8140, www.traunsteinerhuette. de). Berggh. Almstüberl, Gh. Winklmoosalm; Gh. Seegatterl (alle ganzjährig bewirtschaftet).

Tipp: Bei Benutzung der Winklmoos-Sesselbahn vermindert sich die zu bewältigende Höhe um 400 Hm. Betriebszeiten von Mitte Mai bis Ende Okt. von 8.30 bis 17 Uhr. Dort befindet sich ein weiterer Parkplatz.

Variante: Ein markierter Wanderweg (Nr. 111/112) führt von Seegatterl durch die Dürrnbachschlucht hinauf zur Winklmoosalm (1.30 Std.).

Vom Wanderparkplatz auf der **Winklmoosalm (1)** folgen wir zunächst dem Fahrweg links haltend in Richtung Talstation der Winklmoos-Sesselbahn (Mark. 12), biegen bei der quer führenden Straße links ab, passieren die Talstation und folgen dem teilweise geteerten Wirtschaftsweg durch Wiesen. Bald zweigt links ein schmälerer Wirtschaftsweg (Mark. 121) ab, dem wir durch Wald hinauf zur Kohlstatt

Auf dem Gipfelgrat des Dürrnbachhorns; im Hintergrund erkennen wir das Sonntagshorn.

folgen. Bei der Wegverzweigung rechts durch Wald hinauf zu den drei Hütten der **Dürrnbachalm (2)**, 1330 m, die inmitten einer großen Bergwiese liegen. Dort folgen wir der Beschilderung »Wiesenweg zum Dürrnbachhorn« (Mark. 112), der uns über freie Berghänge bis unter den Kamm der Lembergschneid führt. Dort macht unser Wanderweg einen Bogen nach rechts und leitet uns leicht ansteigend hinüber zum **Dürrnbacheck (3)**, 1593 m, der Bergstation der Sesselbahn. Von dort führt uns ein Bergwanderweg in direkter Linie zum Gipfel. In etwa 30 Minuten gehen wir zunächst über freie Hänge, dann durch Latschen und über zahlreiche Holzstufen in steilen Kehren zum höchsten Punkt des **Dürrnbachhorns (4)**. Für den Rückweg wählen wir den Abstieg über die Finsterbachalm. Wir folgen zunächst dem mit Latschen bewachsenen Grat in Richtung Wildalphorn, bis nach etwa 15 Minuten ein Steig nach Süden, also nach rechts, abzweigt (bei einer freien Grasfläche). Wir folgen diesem schmalen, steinigen und steilen Pfad, der auf einem kleinen Rücken verläuft, bis zur Weggabelung am **Gimplingsattel (5)**, 1541 m; dort geht es rechts in Kehren durch Wald und über Wiesen hinab zur bereits sichtbaren **Finsterbachalm (6)**, 1323 m. Von dieser bewirtschafteten Alm leitet uns links haltend ein Wirtschaftsweg weiter hinab; wobei wir uns bei der scharfen Linkskehre rechts halten. Wir wandern weiter durch Wald, gehen unter der Sesselbahn durch und erreichen den Wirtschaftsweg zur Dürrnbachalm, den wir im Anstieg begangen haben. Auf diesem nun links hinab und zur **Winklmoosalm (1)**.

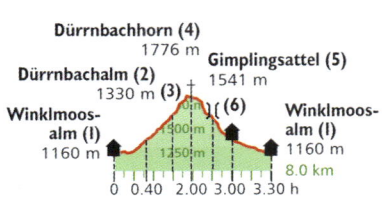

17 Obere Hemmersuppenalm, Durchkaseralm und Eggenalm

Grenzüberschreitende Almrunde mit Panoramaausblicken

Die Obere Hemmersuppenalm – unsere erste Station auf dieser aussichtsreichen Almrunde – lockt uns mit einem einladend klingenden Namen. Nur leider ist dies eine Worttäuschung. Dieses idyllische Almhüttenensemble befindet sich in einem Gebiet, in dem der »Weiße Germer« – eine besonders giftige Pflanze, die vom Almvieh gemieden wird – besonders gut gedeiht. Im örtlichen Sprachgebrauch wird sie »Hemmer« genannt. Und wo dieser »Hemmer« gut gedeiht, spricht der Bayer gerne von einer Suppe. Daher der etwas ernüchternde Name. Das zweite Almdorf auf unserer Runde ist die Durchkaseralm auf der Tiroler Seite; dort genießen wir zum ersten Mal den Blick nach Süden auf die Loferer Steinberge, die auf unserem Weiterweg zur Eggenalm unsere ständigen Begleiter sein werden. Der Panoramablick reicht dort bis in die vergletscherten Zentralalpen. Neben der ausgedehnten Almwirtschaft befindet sich dort auch das beliebte Straubinger Haus, in dem wir nicht nur einkehren, sondern auch übernachten können. Ständiger Blickfang dort: der Wilde Kaiser. Der größte Teil dieser Wanderung wurde kürzlich mit dem Deutschen Wandersiegel als Premiumwanderweg zertifiziert.

Talort: Reit im Winkl, 695 m.
Ausgangspunkt: Wanderparkplatz Seegatterl, 764 m. Auf der Salzburger Autobahn (A 8) bis Ausfahrt Siegsdorf, dann über Ruhpolding und den Weiler Laubau zum Wanderparkplatz an der Deutschen Alpenstraße. Mit der Bahn auf der Strecke München – Salzburg bis Traunstein, dort umsteigen in den Regionalzug nach Ruhpolding; weiter mit dem Oberbayernbus nach Seegatterl/Wanderparkplatz.
Anforderungen: Leichte Wanderung; zu Beginn auf Forstwegen, dann auf Bergwanderwegen und Bergsteigen. An einigen Passagen Trittsicherheit erforderlich. Auf der Südseite des Lahnerkogels eine seilgesicherte Stelle.

Höhenunterschied: 850 Hm im Auf- und Abstieg.
Einkehr: Nattersbergalm, 896 m (Alm-pension mit Zimmern, nahezu ganzj. bew., Montag Ruhetag; Tel. 08640/8430). Sulzner Kaser, 1220 m (während der Weidesaison einf. bew.). Ambachhütte, 1490 m, auf der Durchkaseralm (nur Brotzeit). Straubinger Haus, 1600 m (AV-Hütte, bew. von Mitte Mai bis Anfang Nov., 70 Betten und Lager; Tel. 0043/5375/6429, www.straubingerhaus.de). Alpenhof Seegatterl, 764 m (ganzj. bew., Mo. Ruhetag; Tel. 08640/98490).
Variante: Beim Abstieg von der Eggenalm zur Ob. Hemmersuppenalm den direkten Abstiegsweg nehmen.

Am Westende des großen Wanderparkplatzes in **Seegatterl (1)** gehen wir über eine Brücke und folgen sofort links haltend dem breiten Wanderweg, der uns immer durch Wald – mit einigen schönen Ausblicken – über einige weite Kehren hinauf zur **Nattersbergalm (2)** leitet. Dort nehmen wir links den schmalen Wanderweg (Wegweiser!) durch die Bergwiesen zum oberen Waldrand, wo wir auf eine Forststraße treffen. Dieser folgen wir links, bis

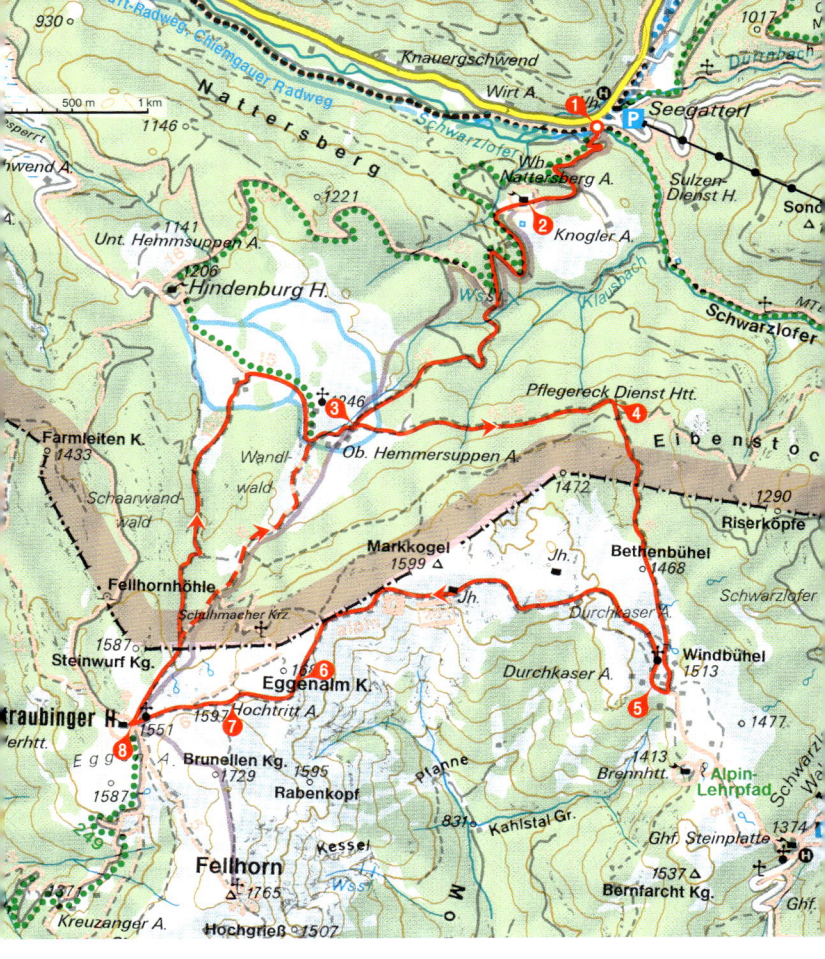

nach der dritten Wegschleife links ein Ziehweg abzweigt, der uns direkt zur **Oberen Hemmersuppenalm (3)** führt (Einkehr beim Sulzner Kaser). Bei den ersten Hütten dieses weitläufigen Almgebietes führt links ein alter Jägersteig durch Mischwald hinauf zum **Pflegereck (4)**. Kurz hinter der Diensthütte überschreiten wir die Grenze nach Tirol. Latschen und Kiefern bestimmen hier das Bild, bis wir das Weidegebiet der **Durchkaseralm (5)** erreichen. In

Das Straubinger Haus auf der Eggenalm ist ein wichtiger Stützpunkt in den Chiemgauer Alpen – vor allem auch für Weitwanderer.

diesem großen Almdorf finden wir natürlich auch eine Einkehrmöglichkeit. Es handelt sich um die unauffällige Ambachhütte, die Brotzeit und Getränke anbietet. An der kleinen Almkapelle findet alljährlich im August die traditionelle Bergmesse statt. Die zahlreichen Almhütten werden von den Waidringer Bauern nicht mehr alle genutzt. Einige sind sogar für Touristen zu mieten.

Der Weiterweg in Richtung Eggenalm führt nun in einem spitzen Winkel zurück nach Nordwesten. Nun über Almwiesen und durch Latschenfelder auf gutem Bergsteig, am Betenbichl und Lahnerkogel vorbei, bis an den Fuß des **Eggenalmkogels (6)**, der dem gesamten Gebiet seinen Namen gegeben hat. Links am Kogel vorbei (seilgesicherte Stelle), dabei leicht ansteigend, erreichen wir bald die in einen Kessel eingebettete **Hochtrittalm (7)**. Auf einem Almfahrweg ansteigend über einen Sattel und auf Almweg hinab zum **Straubinger Haus (8)** auf der Eggenalm. Vom Alpenvereinshaus gehen wir einige Meter auf unseren Anstiegsweg zurück und folgen nun links haltend dem breiten Weg hinauf zum Sattel, der den Übergang ins Bayerische markiert. Jenseits ein Stück hinab, bis zu einer Wegverzweigung. Dort halten wir uns erneut links und wandern über den »Filzenweg« (Mark. 152) hinab durch den Geländeeinschnitt, der vom Schaarwandwald auf der linken und vom Wandlwald auf der rechten begrenzt wird. (Falls es die letzte Tage geregnet hat, nehmen wir bei der vorigen Abzweigung den steileren und di-

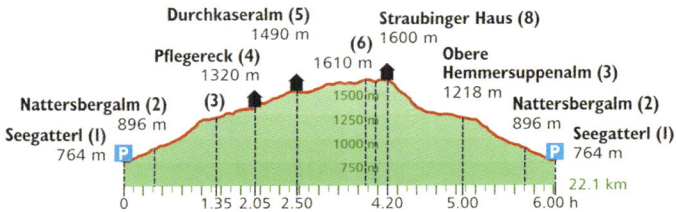

Durchkaseralm (5)
1490 m

Straubinger Haus (8)
1600 m

Pflegereck (4)
1320 m

(6)
1610 m

Obere
Hemmersuppenalm (3)
1218 m

(3)

Nattersbergalm (2)
896 m

Nattersbergalm (2)
896 m

Seegatterl (1)
764 m

Seegatterl (1)
764 m

1500m
1250m
1000m
750m

22.1 km

0   1.35 2.05 2.50   4.20   5.00   6.00 h

rekten Bergweg zur Oberen Hemmersuppenalm.) Zu Beginn der ersten Alm-gebäude müssen wir uns links halten, um zum Sulzner Kaser zu gelangen, denn dort gibt es eine nette Einkehrmöglichkeit in einem urigen Ambiente. Bald erreichen wir den geteerten Weg, der das Hindenburghaus mit der **Oberen Hemmersuppenalm (3)** verbindet. Dort halten wir uns rechts und wandern – vorbei an der Annakapelle – hinab zum Almdorf mit dem Sulzner Kaser. Im Herbst gibt es keinen traditionellen Almabtrieb, das Vieh wird mit Transportern in die Winterställe gebracht. Am oberen Rand der Almhütten stoßen wir wieder auf den Anstiegsweg. Dort halten wir uns links, wandern durch die verstreut gelegenen Hütten bis zum Waldrand. Auf gutem Steig durch lichten Wald hinab zu einem Forstweg. Dort halten wir uns links und wandern weiter talwärts. Nach der dritten Kehre zweigt rechts ein Wiesen-weg ab, der uns direkt hinab zur **Nattersbergalm (2)** leitet. Auf dem Anstiegsweg geht es von dort wieder hinab zum Wanderparkplatz in **Seegatterl (1)**.

Die Hütten der Oberen Hemmersuppenalm, eine von ihnen ist nun bewirtschaftet.

Spaziergang in eine wasserreiche Schlucht

Der Staubfall an der Grenze zu Österreich vermag nicht nur romantische Gemüter zu verzaubern. Besonders nach einem Sommergewitter bietet er häufig das Schauspiel eines Regenbogens. Vor oder nach der Tour haben wir die Möglichkeit – direkt am Ausgangspunkt – einen Blick ins frühere Leben der Holzknechte zu werfen, deren mühevolle Arbeit mit einem Museum in Laubau gewürdigt wurde.

Talort: Ruhpolding, 690 m.
Ausgangspunkt: Laubau, 700 m, Weiler an der Deutschen Alpenstraße in Richtung Reit im Winkl, 4 km südl. von Ruhpolding. Wanderparkplatz links von der Straße beim Holzknechtmuseum.
Anforderungen: Bis zum Ende des Fischbachtales Forststraße, dann zum Teil schmaler, steiler Steig; gut gesichert (Geländer, Seil und Kette), aber einige ausgesetzte Passagen, die Trittsicherheit und Schwindelfreiheit voraussetzen.
Höhenunterschied: 280 Hm im Auf- und Abstieg.
Einkehr: Gh. Laubau, Gh. »Fritz am

Sand«, Alpengh. Heutaler Hof.
Variante: Mit Tour 15 kombinierbar. Vom Gh. Moar Lack den Fahrweg weiter hinab, noch vor den Almhütten links (Mark. 12) ins Heutal. Bald treffen wir auf einen Fahrweg, der uns zum Gh. Heutal leitet. Dort links, den letzten Parkplatz im Heutal passieren und hinüber zur Winklmoosalm (ausgeschildert, der »Landweg« ist anfangs geteert, später unbefestigter Wirtschaftsweg). Bei der ersten Gabelung links, am Herbstkaser vorbei und leicht ansteigend hinüber zur Winklmoosalm (2.30 Std.). Bus Richtung Ruhpolding, Haltestelle Laubau.

Der gesicherte Steig beim Staubfall.

Vom Wanderparkplatz beim Holzknechtmuseum in der **Laubau (1)** gehen wir zunächst auf dem breiten Teerweg 10 Minuten geradeaus in Richtung Süden, biegen dann rechts ab in Richtung »Fuchswiese«, bis wir auf die parallel führende Forststraße treffen. Dort links und immer durch Wald nahezu eben ins dicht bewaldete Fischbachtal. Zwischen den sich steil aufrichtenden Kämmen mit den bezeichnenden Namen Fischbachkopf und Adlerkopf an der östlichen sowie Saurüsselkopf und Fischbachschneid auf der westlichen Seite wandern wir bis zum Ende der Forststraße (Schutzhütte). Auf dem nun schmalen Staubfallsteig weiter durch Wald, bald nach links über einen Steg und in Serpentinen steil hinauf in Richtung Heutal (als die Grenze zu Österreich zeitweilig geschlossen war, wurde hier fleißig Schmuggel getrieben, z. B. auch mit Vieh). Bald erreichen wir den sprühenden **Staubfall (2)**, dessen Wasser hier etwa 200 Meter tief herabfällt. Mittels eines gut angelegten Steiges (mit schützender Überdachung) gehen wir unter dem herabstürzenden Wasserstrahl hindurch, der weiter hinab in den Tobel des Fischbachs fällt. Auf dem gesicherten Steig (Geländer) steigen wir weiter an, bis zu den kleinen Katarakten des Fischbachfalls. Das Wasser ergießt sich dabei in mehrere Gumpen mit interessanten Wasserspiegelungen. Ein kurzes Stück noch, und wir haben die Hochfläche des **Heutals (3)** erreicht. Am Wiesenrand entlang weiter, über eine Holzbrücke und bei der Weggabelung geradeaus weiter zum Gasthaus Heutaler Hof, das am Ende Mautstraße ins Heutal liegt. Wir befinden uns hier in einem stillen, reizvollen Hochtal, da die Zufahrtsstraße von Unken an der Grenze zu Bayern endet. – Zurück auf demselben Weg.

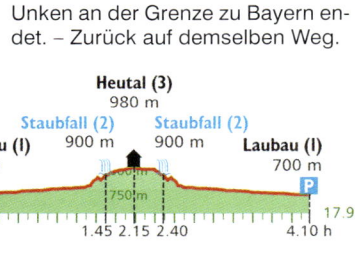

Heutal (3)
980 m

Staubfall (2)   Staubfall (2)
900 m   900 m

au (I)   Laubau (I)
m   900 m   900 m   700 m

750 m

17.9 km

1.45 2.15 2.40   4.10 h

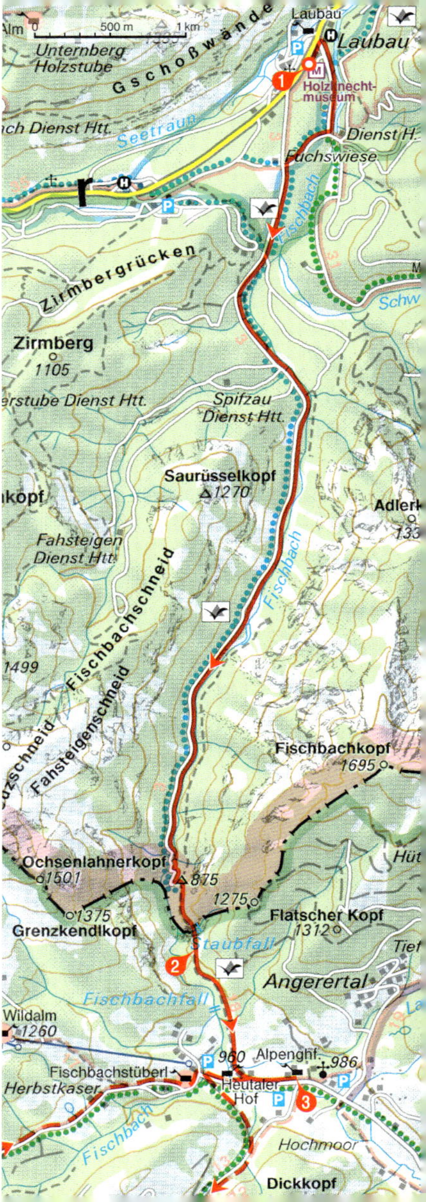

4.00 Std.

Anstieg auf eine Aussichtswarte

Eine stille Tour nur wenige Meter abseits der dicht befahrenen Deutschen Alpenstraße. Wie der Saurüsselkopf zu seinem griffigen Namen kam, war nicht zu ergründen, doch dass er eine bemerkenswerte Form aufweist, versteht sich bei dieser Bezeichnung nahezu von selbst. Einem Talwächter gleich erhebt er sich über dem bewaldeten Fischbachtal. Wir genießen die Einsamkeit dort oben sowie den großartigen Ausblick vom Gipfel auf das Ruhpoldinger Tal und die umliegenden Chiemgauer Berge.

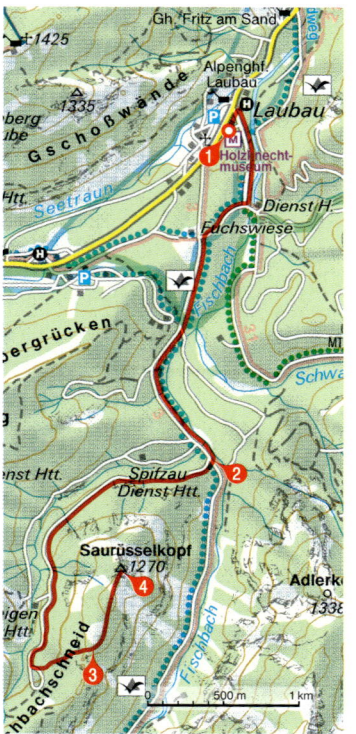

Talort: Ruhpolding, 690 m.

Ausgangspunkt: Laubau, Weiler an der Deutschen Alpenstraße in Richtung Reit im Winkl, 4 km südl. von Ruhpolding. Wanderparkplatz links von der Straße beim Holzknechtmuseum.

Anforderungen: Der erste Teil des Anstiegs führt auf der Forststraße bis zur Fischbachschneid, der restliche Abschnitt ist nur für Trittsichere und Schwindelfreie empfehlenswert, obwohl objektiv nicht schwierig. Bei Nässe Vorsicht, stellenweise lehmig.

Höhenunterschied: 570 Hm im Auf- und Abstieg.

Einkehr: Unterwegs keine; in der Nähe des Ausgangspunktes befinden sich das Gh. Laubau sowie das Gh. »Fritz am Sand«.

Vom Wanderparkplatz in der **Laubau (1)** folgen wir 10 Minuten der Teerstraße in Richtung Süden, biegen dann rechts ab (Wegweiser) in Richtung »Fuchswiese«, bis wir auf die parallel führende Forststraße treffen. Nun links, nahezu eben durch Wald, weiter ins Fischbachtal hinein, wo auf der rechten Seite unser Gipfelziel auftaucht. Nach etwa 30 Min. Gehzeit nehmen wir die dritte, nach rechts **abzweigende Forststraße (2)** – jenseits des Bachlaufs;

Das Holzknechtmuseum in Laubau ist einen Besuch wert.

gegenüber erkennen wir die Spitzau-Diensthütte – und steigen in einem wei-
ten Bogen, zum Teil schattig, bergan und umrunden so den Saurüsselkopf
zur Hälfte gegen den Uhrzeigersinn. Dabei passieren wir eine ehemalige
Diensthütte. Eine Abzweigung weiter oben nach rechts ignorieren wir. Am
Ende der Forststraße (nach etwa 1 Std. ab Abzweigung) gabelt sich diese.
Auf dem linken Ast 70 m weiter, bis scharf links der zum Gipfel führende
Bergpfad (vor einem Bachbett) abzweigt. Zuerst durch dichtes Buschwerk,
dann durch lichten Wald. Der Weiterweg führt uns in nordöstlicher Richtung
immer weiter durch Wald hinauf, bis wir die Kammhöhe der **Fischbach-
schneid (3)** erreichen. Dem Kamm folgend – schöner Mischwald mit zum
Teil ungewöhnlich knorrigen Kiefern und Buchen – erreichen wir den Vorgip-
fel. Nun ein kurzes Stück abwärts, dann hinüber und hinauf zum Gipfel des
Saurüsselkopfes (4), den ein kleines Kreuz schmückt (1 Std. ab Forstweg).
Eine herrliche Aussicht belohnt unsere Anstrengung: wir sehen die Loferer
Steinberge im Süden, den Rauschberg und den Zwiesel im Nordosten. Die
Rückkehr nach **Laubau (1)** erfolgt auf dem Anstiegsweg.

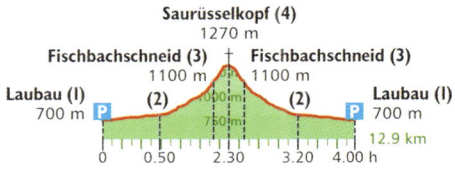

Almböden und Felslandschaften, aber ohne Kletterei

Die Hörndlwand ist zwar nur die zweithöchste Erhebung des vielgestaltigen Hochkienbergs, der sich südlich von Ruhpolding erhebt, aber bei weitem die bekannteste. Die anderen Gipfel sind der Gurnwandkopf und die Schlösselschneid. Die beiden höchsten Gipfel erheben sich nur unwesentlich vom plateauartigen Gipfelaufbau des Hochkienbergs. Am abwechslungsreichsten ist es, diese Wanderung in Form einer Überschreitung zu unternehmen, denn dann bietet sich alles, was eine gute Wanderung ausmacht: eine nette Einkehr, ein großartiges Gipfelpanorama, abwechslungsreiche Bergsteige und zum Abschluss ein Badevergnügen im Mitter- oder Lödensee. Am Gipfel zeigt sich besonders schön der Rauschberg und tief unten der Ort Ruhpolding; links unterhalb liegt das Naturschutzgebiet Röthelmoos mit einer Größe von 30 ha, das aufgrund seiner Artenvielfalt von internationaler Bedeutung ist.

Talort: Ruhpolding, 690 m.

Ausgangspunkt: Seehaus, 722 m; kleine Ansiedlung mit Gasthaus an der Deutschen Alpenstraße, 8 km südl. von Ruhpolding. Parkplatz kurz vor dem Gasthaus. Bus von Ruhpolding.

Anforderungen: Anstieg auf die Hörndlwand durch das Ostertal (manchmal bis in den Sommer hinein Schneefeld) auf gut begehbaren Forstwegen bzw. zuletzt über einen Bergsteig. Für den Gipfelaufbau und den Abstieg zum Weitsee Orientierungssinn und Trittsicherheit erforderlich, hier ohne Markierung, lediglich Steinmännchen, schmaler, aber gut begehbarer Steig. Der Rückweg vom Weitsee erfolgt nach Seehaus auf breitem Wanderweg.

Höhenunterschied: 970 Hm im Auf- und Abstieg.

Einkehr: Branderalm, 1150 m (im Sommer einf. bew.), Gh. Seehaus.

Variante: Falls wir uns den direkten Abstieg (bei Wegpunkt 4) nicht zutrauen, können wir rechts ins Wappachtal absteigen und am Bach entlang talaus zur Deutschen Alpenstraße wandern.

Vom Wanderparkplatz beim **Gasthaus Seehaus (1)** folgen wir dem ausgeschilderten, breiten Weg (WW »Hörndlwand«) geradeaus, halten uns sofort rechts und folgen nach der Brücke einer Forststraße bergwärts, die wir aber bald nach links auf einem Fußweg verlassen (WW »Branderalm«, Mark.-Nr. 46). Oberhalb des Rammelbachs geht es durch Wald hinauf. Wir erreichen eine offene Fläche und einen Wirtschaftsweg, dem wir bis zur schön gelegenen **Branderalm (2)** – Mark. 46, grün – folgen. Weiter geht es auf einem Steig (WW), der bei ein paar Hütten kurz vor der Branderalm links in Richtung Hörndlwand abzweigt. Am Rand der Almwiesen entlang, dann hinein in Nadelwald. Nach 20 Minuten treffen wir auf eine Abzweigung. Wir gehen links in Richtung Hörndlwand (Mark. 46) und Ostertal. Der angelegte Steig führt durch schattigen Wald bequem höher, bis sich der Wald lichtet. Bald erreichen wir das steile Kar des Ostertales. Dort in Serpentinen höher auf das brei-

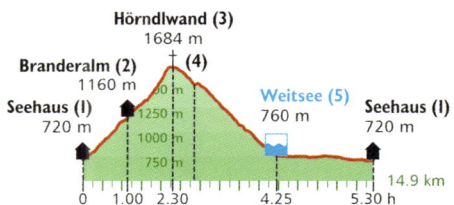

te Gipfelplateau des **Kienbergs**. Dort rechts und in nördlicher Richtung auf den Gipfelaufbau zu und in einer Viertelstunde über Schrofengelände hinauf zum Gipfel der **Hörndlwand (3)**, den ein Kreuz schmückt.

Anschließend wieder zurück auf die geneigte Hochfläche und links der Mulde auf der Gipfelfläche auf Pfadspur leicht fallend weiter in Richtung Westen (Wegweiser »Röthelmoos«), bis wir nach 20 Minuten auf einen **Wegweiser (4)** Richtung Wappachtal treffen. Dort halten wir uns jedoch links, nach 50 Metern rechts, dann nach 30 Metern wieder links und wandern durch aufgelassene Almwiesen bis zum Rand der südlichen Bergflanke. Dort in steilen Serpentinen durch schönen Mischwald hinab. Als Markierung dienen uns Steinmännchen, weitere Markierungen gibt es zunächst nicht. Bei der nächsten Weggabelung (30 Min. ab letzter Wegverzweigung) halten wir uns rechts (Steinmann). Zunächst nahezu eben ein Stück durch Wald weiter, der Steig schwenkt dann nach links und leitet uns über Serpentinen hinab zu einem Forstweg, der parallel zur Deutschen Alpenstraße verläuft. Links haltend erreichen wir dann in wenigen Minuten den Bergfuß bei einem Parkplatz am **Weitsee (5)** – ab Gipfelfläche 2 Stunden. Auf dem Talwanderweg dann links haltend weiter (Richtung Nordosten) am Mittersee und Lödensee entlang, bis wir nach 40 Minuten die Deutsche Alpenstraße erreichen. Dort durch die Unterführung und auf der rechten Seite der Deutschen Alpenstraße auf dem breiten Wanderweg in 20 Minuten am kleinen Förchensee vorbei zurück zum Wanderparkplatz **Seehaus (1)**.

67

Leichte Wanderung bergab von einem gut besuchten Aussichtsberg

Der Unternberg bei Ruhpolding ist zwar nur eine kleine Erhebung, lockt aber mit zahlreichen Outdoormöglichkeiten ein größeres Publikum an: zum Drachenfliegen, zum Mountainbiken und natürlich auch zum Wandern. Vor allem für Familien mit Kindern ist er ein leicht erreichbares und – dank Sessellift – bequemes Ausflugsziel. Es lockt uns dort oben mit der Unternbergalm auch eine bewirtschaftete Einkehralm mit typischen Spezialitäten.

Talort: Ruhpolding, 690 m.
Ausgangspunkt: Talstation der Unternbergbahn, 900 m. Anfahrt von Ruhpolding (Beschilderung »Unternbergbahn«), etwa 2 km Richtung Brand, Parkplatz. Bus vom Bahnhof Ruhpolding.
Anforderungen: Keine. Vorsicht nur bei Nässe, der zunächst lehmige Wanderweg wird bei Nässe schnell rutschig.
Höhenunterschied: 550 Hm im Abstieg.
Einkehr: Raffneralm, Unternbergalm bei der Bergstation, Gh. Unternberg, Unternbergstüberl bei der Talstation (alle ganzj.

bzw. während des Betriebs des Sessellifts bew.).
Variante: Von der Bergwachthütte gehen wir bis zur Wegverzweigung auf der Kammhöhe. Nun geradeaus (Ri. Westen) nahezu eben weiter auf breitem Weg durch Wald. Dabei umrunden wir den Durlachkopf auf seiner Nordseite. Über die Simandlmaisalm erreichen wir die im Sommer bew. Branderalm. Auf gutem Wanderweg durch Wald hinab nach Seehaus und mit dem Bus zurück nach Ruhpolding (Zeitaufwand insg. 2½ Std.).

Nach der bequemen Auffahrt von der **Talstation der Unternbergbahn (1)** in Eisenberg hinauf zur **Bergstation (2)** ist es nicht mehr weit bis zum Gipfel

Am Unternberg; im Hintergrund die steil aufragende Hörndlwand.

des **Unternbergs (3)**, 1450 m, wo wir auf das tief liegende Ruhpolding her-
abschauen. Dann gehen wir zurück zur Bergstation und kehren dort in der
Unternbergalm (4) ein, denn auf der Strecke hinab ins Tal »dürfen« wir nur
wandern. Wir machen uns anschließend auf den Weg in Richtung Westen,
indem wir der lichten Kammschneide folgen, die direkt auf die aus dem Wald
aufragende Hörndlwand zuführt. Der schmale, bei Regen schnell matschige
Wanderweg mündet nach 20 Minuten (kurz hinter einer Bergwachthütte) auf
einen querführenden Weg. Nun ein kurzes Stück weiter und scharf rechts hinunter in den baumlosen Weingartengraben. Unser Weg wird nun zu einem
schmalen Pfad und führt uns steil abwärts (im Winter befindet sich hier eine
Skipiste). Wir gehen auf die **Schwendtboden-Diensthütte (5)** zu. Von dort
leitet uns ein Forstweg durch schattigen Wald, immer fallend, nordostwärts in
Richtung Eisenberg hinunter. Nach einer scharfen Kehre erreichen wir bald
die bewirtschaftete **Raff-
neralm (6)**. (Ein Abste-
cher weist uns hier den
Weg zum Aussichtspunkt
»Weingarten«.) Dann geht
es noch 10 Min. weiter
auf der Forststraße hinab
bis zur **Talstation (1)** in
Eisenberg.

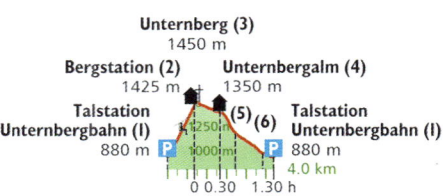

Ausflug zu einer Institution für Bergwanderer

Für den Wanderer aus dem Ruhpoldinger, dem Inzeller oder dem Weißbacher Gebiet ist die Kaitelalm ein fester Begriff: Führt doch der Kaitel-Sepp dort oben sein leutseliges Regiment. Da der Weg von beiden Seiten nahezu ein Spaziergang ist, folgen den Einheimischen auch die Urlauber in Scharen, um bayerische Almgemütlichkeit zu erleben. Beim Anstieg durch das Schwarzachental erinnern wir uns, dass hier 1835 der letzte »bayerische« Bär erlegt wurde. Der Blick vom Aufstiegsweg auf das Sonntagshorn ist immer wieder beeindruckend.

Talort: Ruhpolding, 690 m.
Ausgangspunkt: Laubau, kleine Siedlung an der Deutschen Alpenstraße, 4 km südl. von Ruhpolding. Gr. Wanderparkplatz links von der Straße, gegenüber dem Holzknechtmuseum.
Anforderungen: Leicht ansteigende Almstraße vom Ausgangspunkt in Lau-

bau bis zur Kaitelalm.
Höhenunterschied: 270 Hm im Auf- und Abstieg.
Einkehr: Kaitelalm, 960 m (ganzj. bew., im Winter nur an den Wochenenden). Gh. Laubau, Gh. »Fritz am Sand« (kurz vor der Laubau), jeweils mit Übernachtungsmöglichkeit.

Vom Wanderparkplatz in der **Laubau (1)** folgen wir der Asphaltstraße 10 Minuten Richtung Süden, direkt auf die Berge zu. Bei der ersten Weggabelung nehmen wir die linke Abzweigung, überqueren die Brücke (an der nun der

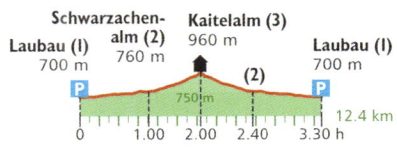

Die Kaitelalm ist Ziel und Wendepunkt unserer Wanderung.

asphaltierte Wegabschnitt endet) und gehen dann links am Fischbach entlang. Den Wegweisern folgend immer auf der schattigen Wirtschaftsstraße
weiter, bis wir nach 10 Minuten zu einer erneuten Wegverzweigung kommen.
Dort halten wir uns rechts und wandern nahezu eben, auf teilweise schattiger Almstraße weiter. Unser Weg biegt dann nach links in das Schwarzachental ein und bringt uns zur **Schwarzachenalm (2)**. Die Alm ist zwar
nicht bewirtschaftet, dafür erwartet uns ein schön gelegener Brunnen, an
dem wir unsere Wasserflasche auffüllen können. (Hier zweigt ein Steig zum
Sonntagshorn ab, der jedoch nur für Geübte zu empfehlen ist; uns reicht je-
denfalls der Blick auf den höchsten Gipfel der Chiemgauer Alpen mit seiner
schroffen Nordflanke.) Wir gehen auf der nun allmählich steiler werdenden
Sandstraße immer weiter bergan in Richtung Osten, zunächst dem Lanzel-
ecker Bach und dann der Hinteren Schwarzachen entlang. Die folgenden
Wegverzweigungen ignorieren wir. Der Weg steigt stärker an und nach etwa
zwei Stunden Gehzeit errei-
chen wir dann die in schöner
Lage im Joch zwischen Kienberg und Seßseekopf gelegene **Kaitelalm (3)**.
Die Rückkehr in die **Laubau (1)**
erfolgt auf derselben Route.

3.20 Std.

Auf das Wahrzeichen von Ruhpolding

Der Rauschberg (sein Name deutet auf den früher hier betriebenen Blei- und Zinkbergbau hin) weist einen gut erschlossenen Gipfel auf. Zahlreiche Wanderwege und ein Naturlehrpfad von über zwei Kilometer Länge auf dem Gipfelkamm sowie eine Berggaststätte bieten viel Abwechslung. Beeindruckend sind natürlich auch der Tiefblick ins Ruhpoldinger Tal und das Panorama der Chiemgauer Alpen, das wir von dort bequem genießen können. Eine lauschige Entdeckung ist auch der kleine Taubensee in Nähe der Talstation, zu dem wir uns zurückziehen können, falls wir nach der Wanderung noch einen Ruheplatz zum Entspannen benötigen.

Talort: Ruhpolding, 690 m.
Ausgangspunkt: Rauschbergbahn-Talstation, am südlichen Ortsrand von Ruhpolding.
Anforderungen: Auf dem Gipfelkamm breiter Wanderweg, Abstieg z. T. steil, aber aber gut begehbar (an der »Schlüsselstelle« befindet sich eine Drahtseilsicherung). Trittsicherheit, Schwindelfreiheit und gutes Schuhwerk unbedingt erforderlich. Warntafel: Nur für Geübte!
Höhenunterschied: 30 Hm im Aufstieg, 1000 Hm im Abstieg.
Einkehr: Rauschberghaus, 1630 m (privat, nahezu ganzjährig bew.; Tel. 08663/419840, www.rauschberghaus.de). Restaurant »Am Taubensee« bei der Talstation.
Variante: Ab südlich der Sessellift-Talstation bei Verzweigung links auf leichterem Steig (Mark. 22) über Sackgrabenalmen und Laubau zur Talstation.

Von der **Talstation (1)** geht es mit der Gondelbahn hinauf zur **Bergstation (2).** Wir statten dem Gipfel des **Hinteren Rauschbergs (3)**, 1671 m, auf einem bequemen, nahezu ebenen Wanderweg einen Besuch ab und kehren dann bis knapp vor die Bergstation der Rauschbergbahn zurück. 5 Minuten vor ihr geht links ein Weg ab (WW), der über freie Berghänge auf der Südsei-

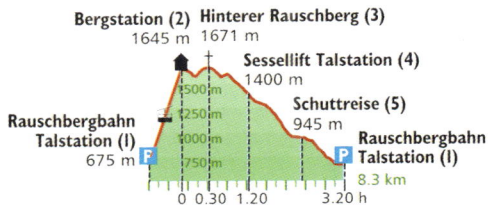

Der Gipfel des Rauschberg bei Ruhpolding ist leicht mit der Seilbahn zu erreichen.

te des Ruhpoldinger Hausberges hinabführt. Nach wenigen Minuten halten wir uns erneut rechts und auf einem Bergsteig geht es in 20 Minuten hinunter bis zur Talstation des ehemaligen **Sessellifts (4)**. Wir wandern weiter in südwestlicher Richtung abwärts, bis nach 10 Minuten eine Wegverzweigung zwei Möglichkeiten anbietet. Nach links der Weg Nr. 22 (s. Variante), wir jedoch nehmen den rechten Weg mit der Mark. 2. (Schild: Nur für Geübte!) Auf diesem zuerst eben durch Wald, bis wir nach 5 Minuten zu einem Aussichtspunkt mit Kreuz gelangen. Von dort steigen wir über steile Serpentinen talwärts, queren sodann anschließend einen lichten Wald und wandern weiter über eine ausgedehnte **Schuttreise (5)** in nordöstlicher Richtung durch den zerrissenen Berghang des Rauschbergs. Zuletzt folgen wir einer Forststraße, die uns aus dem Wald hinaus zur Deutschen Alpenstraße bringt, wo sich ein Parkplatz für die Wanderer befindet, die den Weg in umgekehrter Richtung gehen. Dort halten wir uns links und wandern auf breitem Weg durch Wald zum Taubensee und damit zurück zur **Talstation (1)** der Rauschbergbahn.

Bergstation (2) Hinterer Rauschberg (3)
1645 m 1671 m

Sessellift Talstation (4)
1400 m

Rauschbergbahn   Schuttreise (5)
Talstation (I)   945 m
675 m F   P Rauschbergbahn
                                 Talstation (I)
                                 8.3 km
0 0.30 1.20   3.20 h

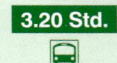
Über schattige Waldwege auf einen reizvollen Vorgipfel

Der Zinnkopf ist eine dicht bewaldete Erhebung zwischen Siegsdorf und Ruhpolding. Ein dichtes Forstwegenetz überzieht daher den Berg. Er bietet uns eine stille Wanderrunde und am Gipfel verschafft er uns als Krönung einen freien Blick auf die Berge und um Ruhpolding sowie aufs weite Land bis hin zum Chiemsee. Ein paar kulturelle Eindrücke gibt es zusätzlich, wenn wir uns vor oder nach der Wanderung ein wenig in Eisenärzt umschauen, wo es reizvolle Lüftlmalereien an den Häusern zu entdecken gibt. Was sich bereits im Namen ausdrückt, hat sich auch im Wappen der ehemals selbstständigen Gemeinde niedergeschlagen: In Eisenärzt wurde vom Mittelalter bis ins späte 19. Jahrhundert Eisenerz abgebaut und verarbeitet. Heute lebt der Ort unter anderem vom Fremdenverkehr. Sehenswert das Steinzeitdorf im Diesselbachtal, das sich auf der anderen Talseite befindet.

Talort: Eisenärzt, 628 m; Gde. Siegsdorf, nördl. von Ruhpolding. Bahnhalt der Eisenbahnlinie Traunstein–Ruhpolding.

Ausgangspunkt: Kurort Hörgering; Anfahrt von der Hauptstraße nach Ruhpolding vor dem Ortsanfang von Eisenärzt, dann 900 m bis zur Kirche, dort Parkmöglichkeit. Oder Waldparkplatz 500 m auf der Straße weiter (Wegweiser »Zinnkopf«) in südöstlicher Richtung beim Holzlagerplatz.

Anforderungen: Forststraßen und Bergsteige, bei Nässe streckenweise schmierig; Rückweg zum Teil auf ruhiger Asphaltstraße.

Höhenunterschied: 570 Hm im Auf- und Abstieg.

Einkehr: Unterwegs keine; Café in Hörgering, Gaststätten in Eisenärzt.

Tipp: Steinzeitdorf im Diesselbachtal.

Blick auf die westlichen Ausläufer des Sulzbergs mit dem Zinnkopf als höchste Erhebung.

Von der neuen Kirche in der Ortsmitte von **Hörgering (1)** wandern wir zuerst 100 Meter in Richtung Südosten, wo wir auf den Zinnkopfweg treffen, der uns dann nach rechts, an Bauernhäusern vorbei, in etwa 10 Minuten zum Waldparkplatz (Alternativ-Ausgangspunkt) bringt. Von dort auf Forstweg zuerst durch Wald, bis wir nach 10 Minuten auf eine Abzweigung treffen. Nun rechts (Mark. 30, grün) auf den Anstiegsweg Richtung Zinnkopf. Nach 15 Minuten erreichen wir eine Weggabelung: Hier geradeaus weiter auf dem Ziehweg, der uns zum Teil durch schönen Hochwald immer weiter hinauf führt. – Nach etwa einer halben Stunde erreichen wir wieder eine Weggabelung – hier halten wir uns rechts.

Dann queren wir die Forststraße (links zweigt der Weg nach Siegsdorf ab, Mark. 8) und gehen weiter durch den nun lichter werdenden Wald. Ab Forststraße weiter 20 Minuten bergan, bei der nächste Verzweigung nach rechts und weiter hinauf, bis wir vor dem sturmzerzausten Gipfel stehen. Auf schmalem Pfad in Serpentinen und durch umgefallene Baumstämme in einer Viertelstunde zum Gipfel des **Zinnkopfs (2)** mit Kreuz und Bänkchen, wo sich uns eine freie Sicht aufs Alpenvorland bietet.

In westlicher Richtung geht es dann auf einem Ziehweg wieder hinab, bis nach 10 Min. ein Weg nach rechts führt (zweite Abzweigung ab Gipfel). Nun in großer Schleife hinab zur **Zinnkopf-Diensthütte (3)**, 20 Min. Dann über Forststraßen und Ziehweg weiter (Weg-Nr. 15, rot) durch Wald talwärts. Nach weiteren 10 Minuten auf einer breiten Forststraße biegen wir rechts ab

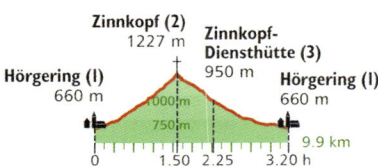

und gelangen in wenigen Minuten hinab zu einer asphaltierten Straße. Dieser folgen wir rechts weiter bis zum Weiler Zwickling, den wir in wenigen Minuten erreichen. Von dort bequem zurück zum Ausgangspunkt in **Hörgering (1)**.

Durch die stille Südseite des Hochfelln

Wer sich statt einer Seilbahnfahrt den Hochfelln erarbeiten möchte, sei hier der früher (vor dem Bau der Seilbahn) beliebte Anstiegsweg über die Farnbödenalmen von der Ruhpoldinger Seite aus empfohlen. Da eine längere Strecke des Weges der Morgensonne ausgesetzt ist, sollte man früh aufbrechen. Der Blick vom Gipfel auf die umliegende, herrliche Gebirgslandschaft sowie die Aussicht auf den Chiemsee sind umwerfend. Bei guter Sicht soll das Panorama 400 Gipfel umfassen. Falls noch etwas Zeit bleibt kann man das Bergerlebnis kulturell abrunden und die historische Glockenschmiede in Haßlberg besichtigen oder Kindern die Wanderung mit dem Besuch des Märchenparks in der Nähe des Ausgangspunktes versüßen.

Talort: Ruhpolding, 690 m.

Ausgangspunkt: Historische Glockenschmiede, 700 m, ca. 1,5 km südwestl. von Ruhpolding Richtung Brand in Höhe des Märchenparks, Abzw. nach rechts (»Historische Glockenschmiede«). Wanderparkplatz Staudigl nach 150 m. Bushalt »Glockenschmiede«.

Anforderungen: Überw. Forststraßen, im ob. Teil Wanderwege bzw. Bergsteige.

Höhenunterschied: 970 Hm im Aufund Abstieg.

Einkehr: Hochfellnhaus, 1664 m (priv., ganzj. bew., keine Übernachtung), Thoraualm, 1210 m (einf. bew. während des Almbetriebs). Gh. Brand in der Nähe des Ausgangspunktes.

Variante: Beim Abstieg vom Hochfelln-Gipfel können wir auch dem Steig folgen (WW »Thoraualm«), der links – noch vor dem Thoraukopf – über die freien Hänge steil hinab zur Thoraualm führt.

Vom **Wanderparkplatz (1)** folgen wir der asphaltierten Straße rechts, überqueren nach 400 Metern ein Brückerl, danach wiederum nach rechts (WW »Thoraualm«), um dann gleich wieder links Richtung Glockenschmiede leicht anzusteigen. Dort auf Forststraße Richtung Thorau – Hochfelln weiter, immer begleitet vom rauschenden, tiefliegenden Thoraubach. Nach einer Stunde Gehzeit mit steilem Anstieg biegt der Weg in Richtung Südwesten ab. 200 Meter danach schlagen wir scharf rechts einen Wirtschaftsweg in Richtung Farnbödenalmen ein. Durch Wald hinauf zu den **Farnbödenalmen (2)** und in weiterer 20 Minuten hinauf zu dem Weg, der rechts von Hinterreit heraufkommt. Im Wald und über die Böden der Fellnalm, 1380 m, weiter, zuletzt steil

Blick von Westen auf das Hochfellnhaus auf dem gleichnamigen Gipfel.

über den freien Ostabhang des Hochfelln in Serpentinen hinauf zur Gipfelkapelle und zum bewirtschafteten **Hochfellnhaus (3)**, das knapp unterhalb des Hochfelln-Gipfels liegt. Da der Hauptstrom der Besucher mit der Hochfellnbahn ankommt, ist mit gutem Betrieb zu rechnen. Von dort es nur ein kleiner Hupfer hinauf zum eigentlichen Gipfel des Hochfelln, den ein eindrucksvolles Kreuz schmückt, das weithin sichtbar im Jahre 1886 errichtet wurde.

Vom Hochfellnhaus gehen wir zunächst wenige Minuten auf der Ostseite hinab, halten uns dann rechts (WW »Maximiliansweg«) und wandern auf dem Kamm der Thorauschneid über Geröll hinab, hinüber zum wenig ausgeprägten Thoraukopf und steigen hinab zur Scharte zwischen Weißgrabenkopf und der Abzweigung zum **Thoraukopf (4)**. Dort folgen wir links haltend einem Steig (Mark. 66) weiter zu den Hütten der **Thoraualmen (5)**. Auf der dort beginnenden Almstraße schlendern wir gemütlich talwärts, halten uns bei der Weggabelung rechts und folgen unserem Anstiegsweg zurück zum Ausgangspunkt beim **Wanderparkplatz (1)**.

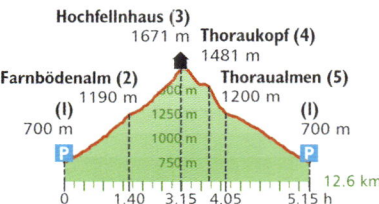

Zur schönsten Chiemgau-Aussicht

Der Hochfelln weist vier Pluspunkte auf, die ihn zu einem der beliebtesten Berge der ganzen Chiemgauer Alpen machen: eine Seilbahn führt auf seinen Gipfel (die zweitlängste Deutschlands), ein ganzjährig bewirtschaftetes Gipfelhaus (das höchstgelegene Berggasthaus im Chiemgau) lädt zur Einkehr, eine Kapelle zur Besinnung, und überdies bietet der Gipfel eine phantastische Aussicht auf die Chiemgauer Berge und den Chiemsee. Für naturkundlich Interessierte gibt es einen Lehrpfad auf dem Gipfelkamm.

Talort: Bergen, 563 m.
Ausgangspunkt: Hochfellnbahn-Talstation, am südlichen Ortsrand. Parkplatz.
Anforderungen: Bis Brünndlingalm guter Bergsteig, danach Forststraße bzw. Wanderweg.
Höhenunterschied: 10 Hm im Aufstieg, 1080 Hm hinab.
Einkehr: Hochfellnhaus, 1664 m (priv., ganzj. bew., keine Übernachtung); Brünndlingalm, 1240 m (nahezu ganzj. bew.); Berggh. Öderkaser, 1161 m (nahezu ganzj. bew., 3 Betten; Tel. 08662/8468); Gh. Hochfellnblick, 1075 m, bei der Mittelstation; Bachschmidkaser, 1167 m, 10 Min. von der Mittelstation (bew. von Mai bis Okt.); Gh. »Zum Eisenhammer« in Bergen.

Von der **Hochfellnbahn-Talstation (1)** in Bergen hinauf zur **Bergstation (2)** knapp unterhalb des Hochfellngipfels. Wir wandern vorbei am Hochfellnhaus auf breitem Höhenweg hinüber zum nur wenig höheren Gipfel des **Hochfelln (3)** mit überdimensionalem Gipfel-

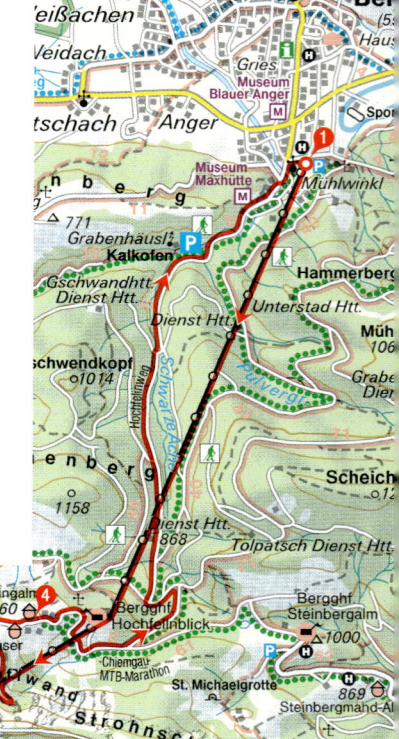

Der Hochfellngipfel mit seinem beeindruckenden Gipfelkreuz.

kreuz. Anschließend wieder zurück zum Hochfellnhaus und auf der Ostseite ein paar Minuten über Serpentinen hinab (WW »Maximiliansweg«). Bei einer Wegverzweigung halten wir uns links und wandern in Richtung Osten zum Übergang über die Scharte im Kamm der Strohnschneid; jenseits davon geht es sodann hinab ins steile Kar. Über Serpentinen geht es weiter abwärts, vorbei an den Felsen der Tröpflwand, dann queren wir nach links. Der Steig führt uns jetzt sanfter hinab, bis wir nach 1¼ Stunden die bewirtschaftete **Brünndlingalm (4)**, 1161 m, erreichen. Danach folgen wir der Fahrstraße talwärts. Nach 15 Minuten treffen wir auf eine Wegverzweigung: Dort rechts und weiter hinab in Richtung Bergen (links geht's in wenigen Minuten zur Mittelstation). Bei der nächsten Abzweigung gehen wir zuerst links, dann wieder rechts, und wandern weiter hinab ins dicht bewaldete Tal der Schwarzen Ache. Nach 5 Minuten geht es erneut links weiter. Wir gehen unter den Tragseilen der Hochfellnbahn hindurch und nach weiteren 10 Minuten Abstieg treffen wir auf den Abzweiger von der Forststraße, dem wir nun nach rechts folgen müssen. Ein schmälerer Waldweg (der alte »Hochfellnweg«) leitet uns dann – immer am Bachlauf der Schwarzen Ache entlang und eine Forststraße querend – hinunter zum Wanderparkplatz Kalkofen, im Tal der Weißen Ache. Dort folgen wir rechts der Fahrstraße in Richtung Bergen zur **Talstation (1)** der Hochfellnbahn.

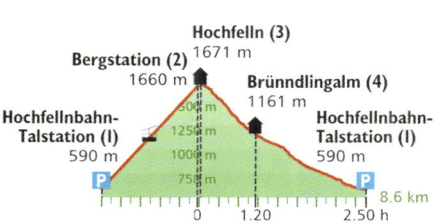

Von Urschlau ins Eschelmoos

Auf dieser Wanderung wird uns nichts Spektakuläres überraschen – und doch werden wir am Weg auf einige kleine Besonderheiten treffen, die unser Interesse erwecken werden: zum ersten sind es die Almflächen der versteckten Längauer Alm mit dem Blick auf die steil abbrechende Gurnwand, dann die Überreste der Eschelmoosklause aus jenen Tagen, da die Holzknechte die Bäche zum Holztriften regulierten – und überdies gibt es noch das Urschlauer Kirchlein (»Maria im Schnee«), das uns zum Verweilen und Betrachten einlädt.

Talort: Ruhpolding, 690 m.
Ausgangspunkt: Urschlau, 767 m; 6 km südwestlich von Ruhpolding. Kleiner Parkplatz, ab hier Fahrverbot.
Anforderungen: Wanderwege und Forst-

straßen (»Gründberg-Rundweg«).
Höhenunterschied: 610 Hm im Auf- und Abstieg.
Einkehr: Haaralm, 1320 m (Juni bis Sept. bew.). Gh. Brand (am Anfahrtsweg).

Vom **Parkplatz** in **Urschlau (1)** gehen wir rechts an der Kapelle und dem Bauernanwesen vorbei und steigen auf dem gut begehbaren Steig (Mark. 52, blau) eine halbe Stunde durch Wald gemütlich an. Dort, wo wir auf einem **Sattel (2)** auf die Forststraße treffen, halten wir uns sodann links und wandern ein Stück eben weiter. Nach wenigen Minuten zweigt nach rechts der

Das kleine Kircherl in der Urschlau liegt in Nähe unseres Ausgangspunktes.

Weg zur **Haaralm (3)** ab, die wir in einer Dreiviertelstunde Gehzeit auf bequemem Weg erreichen. Auf dem großflächigen Weidegebiet befinden sich acht Almhütten und im Sommer viel Weidevieh. Anschließend gehen wir zurück zur Forststraße und folgen dieser nun rechts weiter in Richtung Westen. Nach einem leichten Abstieg erreichen wir in 20 Minuten die **Längauer Alm (4)**, wobei wir kurz davor die zweite Abzweigung nach rechts nehmen. Nach Überquerung des Baches öffnet sich der Wald, und wir finden hier ein idyllisches Plätzchen zum Ausruhen. Der Blick nach hinten eröffnet uns einen Blick auf die abweisenden Felsen der Gurrnwand. Wir wandern auf der Forststraße eine Viertelstunde weiter in Richtung Norden (rechts lassen wir das stattliche Forsthaus liegen) und folgen dabei dem Eschelmoosbach, bis wir die **Eschelmoosklause (5)** erreichen. Eine Informationstafel gibt uns dort Auskunft über die Tätigkeit des Holztriftens. Das hier gefällte Holz wurde bis zur Saline in Traunstein transportiert. Nun zurück bis zur **Längauer Alm (4)**. Bei der Verzweigung der Forststraße jenseits des Baches dieses Mal rechts weiter und um den Gründberg gegen den Uhrzeigersinn herum, begleitet vom Rauschen des Eschelmoosbaches. Auf breiter, schattiger Forststraße wandern wir dann in einem weitem Bogen zurück zum Ausgangspunkt in **Urschlau (1)**.

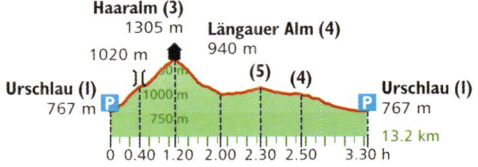

Besinnlicher Wallfahrtsort über Marquartstein

Die Schnappenkirche, auch »St. Wolfgang auf dem Schnappenberg« genannt, liegt aus dem Tal deutlich sichtbar am Berghang über dem Tal der Tiroler Achen. Erbaut wurde die Kirche an Stelle einer alten Holzkapelle in den Jahren 1637–1639, einem früheren Wallfahrtskirchlein, zuletzt 1977–1981 renoviert. Einer Legende zufolge wurde die alte Kapelle zur Erinnerung an den an dieser Stelle 1096 ermordeten Grafen Marquart von Hohenstein, dem Erbauer der Burg Marquartstein, errichtet. Während der Säkularisation (1803) war die Kirche zum Abbruch bestimmt. Ihrer Abgeschiedenheit ist es zu verdanken, dass sie erhalten blieb. Heute führt uns ein gut ausgebauter Weg hinauf, den wir idealerweise zu einer Rundtour gestalten können. Am Wegbeginn passieren wir die Burg von Marquartstein, deren Ursprünge bis ins 11. Jahrhundert zurückreichen; das Innere kann leider nicht besichtigt werden.

Talort: Marquartstein, 542 m.

Ausgangspunkt: Wanderparkplatz im Wald oberhalb der Burg von Marquartstein, 640 m; Anfahrt vom Ortszentrum rechts an der Burg vorbei auf Teerstraße, 200 m. Oder mit Bus über Übersee/Chiemsee nach Marquartstein-Rathaus und zu Fuß zum Wanderparkplatz (10 Min.).

Anforderungen: Forst- und Wanderwege. Der Abstieg nach Staudach ist etwas steil. Trittsicherheit und gutes Schuhwerk erforderlich.

Höhenunterschied: 540 Hm im Auf- und Abstieg.

Einkehr: Unterwegs keine; Gasthäuser in Marquartstein; Gh. Mühlwinkl in Staudach-Egerndach (Übernachtung).

Vom obersten Ende des Wanderparkplatzes bei **Marquartstein (1)** nehmen wir den rechten Weg (Ziehweg) und gehen 5 Minuten bergan durch Wald bis zu einer Wegverzweigung, dort folgen wir links der Ausschilderung »Schnappenberg« (Mark. 53, blau). Nach weiteren 5 Minuten treffen wir auf eine Fahrstraße.

Kurz auf ihr, dann links weg und weiter der Markierung folgend (rechts führt der Weg zum Hochgern) aufwärts, wo wir bald auf eine erneute Verzweigung treffen. Nun rechts weiter, nach 10 Minuten Schwenk in nördlicher Richtung (scharfe Kehre), dann leicht ansteigend durch Wald höher. Nach einer Stunde Gehzeit bietet sich uns der erste schöne Blick auf Marquartstein, und nach etwa 1½ Std. erreichen wir die an aussichtsreicher Stelle gelegene **Schnappenkirche (2)**.

Hier ist ein guter Platz zum Rasten und Schauen, denn unvermittelt eröffnet sich vor uns der freie Blick hinaus aufs Alpenvorland mit dem Chiemsee als zentralem Blickfang. Da die Kirche verschlossen ist, brechen wir bald wieder auf.

Für den Abstieg in Richtung Staudach halten wir uns links, also Richtung Osten. Zuerst leicht fallend auf Waldweg, dann in steilen Serpentinen die Bergflanke hinunter, bis wir

Die Schnappenkirche ist selbst aus dem Voralpenland gut zu sehen.

auf eine Forststraße treffen. Hier rechts, dann gleich wieder links bis zu der Wegverzweigung kurz vor dem Holzlagerplatz bei den ersten Häusern von **Staudach-Egerndach (3)**.

Nun geradeaus weiter, leicht ansteigend durch Wald, auf dem Achentalweg (Forststraße, Mark., grün) in Richtung Marquartstein. Nach 20 Minuten erneut Wegverzweigung. Auf schmalem, bezeichnetem Waldweg links weiter, unterhalb der Rabeneckwand immer am Bergfuß entlang. Bei der nächsten Verzweigung links, dann auf Forststraße wieder bergauf (»Hochgern«, Mark. 5, rot). Über eine kleine Brücke, dann biegen wir nach wenigen Minuten in den

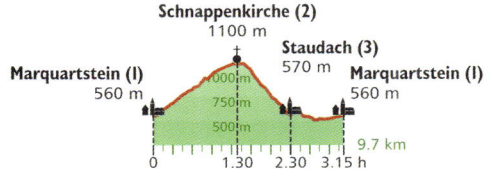

oberen der beiden nach rechts abzweigenden Wege ein. Beim Trafohäuschen links hoch und in wenigen Minuten zurück zum Wanderparkplatz oberhalb von **Marquartstein (1)**.

83

5.40 Std.

Abwechslungsreiche Runde auf einen Aussichtsberg par excellence

Der Hochgern gilt als einer der Paradeberge in den Chiemgauer Alpen, von seinem Gipfel eröffnet sich uns nicht nur ein großartiger Blick auf die zahlreichen umliegenden Gipfel, sondern bis hinein in die vergletscherten Zentralalpen. Besonders reizvoll ist natürlich der Blick nach Norden zum Chiemsee und die ihn umgebende Moränenlandschaft. Mit dem Hochgernhaus, das direkt auf unserer Route liegt, finden wir eine beliebte Einkehr und Übernachtungshütte, die sogar ganzjährig bewirtschaftet ist. Rund um das Hochgernhaus ist auch einiges los: So gibt es Murmeltiere hinter dem Haus, im Sommer wird gegrillt und im Mai findet der alljährliche Hochgernlauf statt.

Talort: Marquartstein, 542 m.

Ausgangspunkt: Wanderparkplatz im Wald oberhalb der Burg von Marquartstein, 630 m; Anfahrt vom Ortszentrum rechts an der Burg vorbei auf Teerstraße, 200 m. Oder mit Bus von Übersee/Chiemsee nach Marquartstein-Rathaus und zu Fuß zum Wanderparkplatz (10 Min.).

Anforderungen: Bis zur Schnappenkirche Wirtschaftswege; Wanderweg bis Staudacher Alm, dann steiler Bergsteig, stellenweise lehmig (bei Nässe nicht ratsam!), Abstieg vom Hochgernhaus auf Wirtschaftsweg.

Höhenunterschied: 1170 Hm im Auf- und Abstieg.

Einkehr: Staudacher Alm, 1150 m (Mitte Mai bis Mitte Okt. einf. bew.); Hochgernhaus, 1461 m (priv., ganzj. bew., 15 Betten, 20 Lager, Tel. 08641/61919, www. hochgernhaus.de); Enzianhütte, 1380 m (priv., bew. Anf. Mai bis Oktober am Wochenende, 10 Betten; Tel. 08641/61566); Agergschwendalm, 1020 m (ganzj. bew., nur bei schönem Wetter; Tel. 08641/8481).

Variante: Der Abstiegsweg vom Hochgern zum Waldparkplatz oberhalb von Marquartstein kann auch als Anstiegsweg benutzt werden (üblicher Anstiegsweg, aber nicht so abwechslungsreich, da bis Hochgernhaus ausschließlich Wirtschaftsweg. Achtung: viele Mountainbiker!).

Der zweigipfelige Hochgern: Einen Gipfel schmückt ein Kreuz, den anderen ein Minikircherl.

Vom obersten Ende des Wanderparkplatzes bei **Marquartstein (1)** nehmen wir den rechten Weg (Ziehweg) und gehen 5 Minuten bergan durch Wald bis zu einer Wegverzweigung, dort folgen wir links der Ausschilderung »Schnappenberg« (Mark. 53, blau). Nach weiteren 5 Minuten treffen wir auf eine Fahrstraße. Kurz auf ihr, dann links weg und weiter der Markierung folgend (rechts führt der übliche Weg zum Hochgern) aufwärts, wo wir bald auf eine erneute Verzweigung treffen. Nun rechts weiter, nach 10 Minuten Schwenk in nördlicher Richtung (scharfe Kehre), dann leicht ansteigend durch Wald höher – erste schöne Ausblicke – und weiter hinauf zur **Schnappenkirche (2)**. Die nachgewiesene, ganz aus Holz gebaute Almkapelle, die um 1500 hier oben errichtet worden war, wich im Jahre 1637 einem Steinbau, den die Herrenchiemseer Päpste zur Freude der Pilger errichten ließen, die nach der überstandenen Pest dort oben ihren Gelübden Ausdruck geben wollten. Anschließend wenige Meter zurück und links auf einen Wanderweg (Mark. 231), der zunächst leicht ansteigend durch Wald, dann über einen Wiesensattel verläuft. Nahezu eben weiter zu einem Wirtschaftsweg, dem wir nach rechts zur gemütlichen **Staudacher Alm (3)** folgen. Diese ganz aus Stein erbaute Almhütte bietet uns eine erste willkommene Einkehrmöglich-

Das Hochgernhaus ist ein privates Unterkunftshaus hoch über dem Schlechinger Tal.

keit, denn vor der nächsten steht zunächst einmal die Gipfelbesteigung des Hochgern auf dem Plan und danach folgt der Abstieg zum Hochgernhaus. Ein weiter Weg also bis zur nächsten Bewirtung. Von der kleinen Terrasse vor der Alm haben wir bereits den steilen Weiterweg vor Augen.

An der Alm links vorbei, durch eine Bergwiese und nach wenigen Minuten zu einer Abzweigung (Wegweiser »Hochgern«). Über steile Serpentinen – zum Teil lehmig – hinauf durch lichten Wald zur Einsenkung unterhalb des Hochgern-Gipfels. Zuerst links haltend über freies Gelände, dann rechts weiter und in weitem Linksbogen (Weg Nr. 5) durch Latschen und freies Gelände – wir müssen noch über einen Weidezaun – zu einer Wegverzweigung; dort links steil hinauf zum Gipfel, der uns einen herrlichen Blick auf das Umland schenkt. Der **Hochgern (4)** weist übrigens zwei Gipfel auf; auf dem ersten befindet sich das Gipfelkreuz, auf dem zweiten, niedrigeren Vorgipfel, ein Miniaturkircherl. Doch der Hochgernstock weist auch noch Begleitgipfel auf, so den Zwölferspitz und den Hochlerch, den Bischofsstuhl, das Silleck, den Hasenpoint und den Hochsattel.

Auf dem Anstiegsweg zurück bis zur Wegverzweigung (links geht es hinab zur Bischofsfellnalm), dann rechts in Richtung Westen auf gutem Wanderweg (Mark. 232) hinunter zum **Hochgernhaus (5)**. Auf breitem Wirtschafts-

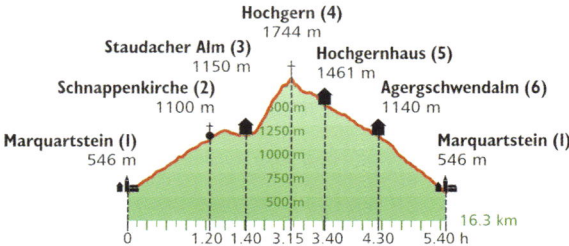

Hochgern (4)
1744 m
Staudacher Alm (3)
1150 m
Hochgernhaus (5)
1461 m
Schnappenkirche (2)
1100 m
Agergschwendalm (6)
1140 m
Marquartstein (1)
546 m
Marquartstein (1)
546 m
1250 m
1000 m
750 m
500 m
16.3 km
0
1.20 1.40 3.15 3.40 4.30 5.40 h

weg – vorbei an der ebenfalls bewirtschafteten Enzianhütte – in zahlreichen Kehren (stellenweise Abkürzer möglich) talwärts. Nach einer Stunde erreichen wir die bewirtschaftete **Agergschwendalm (6)**, 1040 m. Von dort weiter auf einem Wirtschaftsweg und in einer Viertelstunde zu einer Wegkreuzung, dann den ausgeschilderten Weg links weiter und bei der nächsten Verzweigung nach rechts. Nach etwa 20 Minuten zweigt links ein Ziehweg ab, der den breiten Forstweg zweimal abkürzt und uns so schnell zum Wanderparkparkplatz oberhalb von **Marquartstein (1)** zurückleitet.

Die Staudacher Alm verlockt uns zu einer schmackhaften Brotzeit.

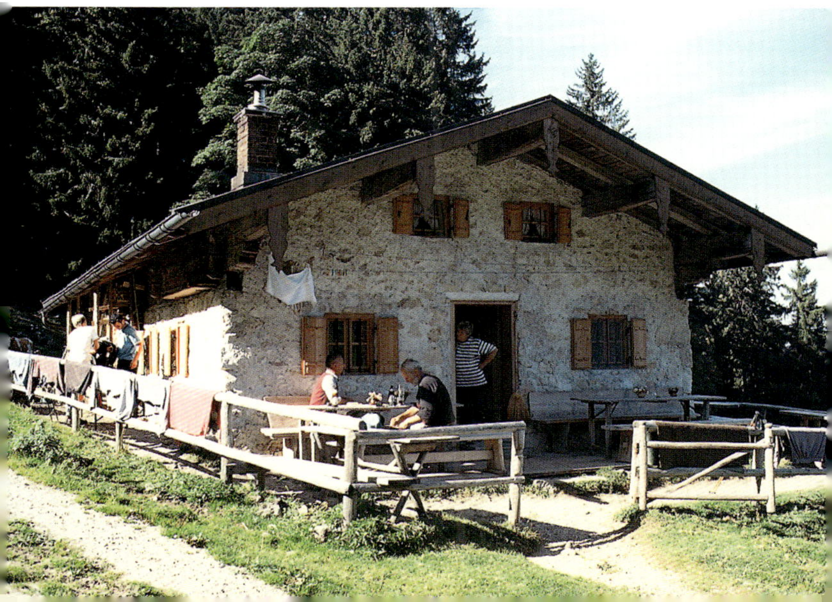

Almwanderung mit dem überraschenden Blick nach Osten

Auf dem breiten Höhenzug zwischen Unterwössen im Westen und dem Eschelmoosbach im Osten befinden sich reizvolle Almen, die Jochbergalm und Rechenbergalm, und auf beiden werden neben dem obligatorischen Jungvieh im Sommer auch Milchkühe gehalten, was heute keine Selbstverständlichkeit mehr ist. Und so wird dort oben auch noch Almkäse gemacht und die Wanderer mit almtypischen Brotzeiten versorgt. Die Rechenbergalm datiert auf das Jahr 1834 zurück, und ihr Aussehen ist nahezu unverändert. Auf der Jochbergalm stehen drei Kaser, von denen zwei bewirtschaftet sind.

Talort: Unterwössen, 555 m.

Ausgangspunkt: Unterwössen-Grund, 600 m; Zufahrt über Marquartstein oder Reit im Winkl. Wanderparkplatz am Hochgernweg oberhalb des Ortes, den man von südl. Ortsrand über Hardergasse und Hochgernweg (1,2 km) erreicht.

Anforderungen: Wirtschaftswege und leichte Bergsteige. Der Übergang zur Rechenbergalm ist bei Nässe lehmig.

Höhenunterschied: 720 Hm im Auf- und Abstieg.

Einkehr: Jochbergalm, 1275 m; Rechenbergalm, 1170 m (beide im Sommer bew.).

Tipp: Nach der Tour lohnt sich ein Besuch des Strandbades Wössener See mit Einkehrmöglichkeit.

Vom Parkplatz in **Unterwössen-Grund (1)** wandern wir auf der Forststraße (Mark. 52, blau) knapp 10 Minuten in Richtung Osten bis zu einer Wegverzweigung. Links auf dem allmählich schmäler werdenden Wirtschaftsweg (Schranke) mäßig ansteigend, dann immer dem Bach folgend durch den bewaldeten Kaltenbachgraben aufwärts. Nach einer halben Stunde queren wir den Bach nach links, dann im Abstand von je einer Viertelstunde noch

Die Jochbergalm ist der Inbegriff einer zünftigen Chiemgauer Alm.

zweimal. Nach insgesamt 1¼ Stunden Gehzeit zweigt ein Steig (Mark. 254, rot) nach rechts ab, der uns nun ziemlich steil höher bringt. Eine Viertelstunde später queren wir die Forststraße nach halblinks (Wegweiser am Felsblock »Jochberg«) und steigen über nunmehr freieres Gelände weiter an. Nach einer knappen halben Stunde erreichen wir die schön gelegenen **Jochbergalmen (2)**, 1265 m. Von dort bietet sich ein überraschender Blick nach Osten auf die felsige Gurnwand. – Um die Runde voll zu machen, nehmen wir bei der großen Wegkreuzung den Wirtschaftsweg Richtung Süden, der uns an den Waldrand führt; dort schlagen wir den mittleren der sich hier verzweigenden Steige ein (Mark. 58, rot; »Rechenberg, Ober- und Unterwössen«). Nun eine halbe Stunde fast eben durch Wald bis zum **Rechenbergsattel (3)**, 1350 m (schöner Rastplatz und höchster Punkt unserer Wanderung). Jenseits ein kurzes Stück in südwestlicher Richtung bergab bis zu einem Zaun (Schild: »Oberwössen«). An der Fichtenreihe entlang hinunter zur **Großen Rechenbergalm (4)**, 1170 m. Links an der Alm vorbei und auf dem Wirtschaftsweg hinab. Nach etwa einer Stunde Gehzeit treffen wir auf zwei Abzweigungen, wobei wir jedes Mal den linken Weg wählen und kehren zurück nach **Unterwössen-Grund (1)**.

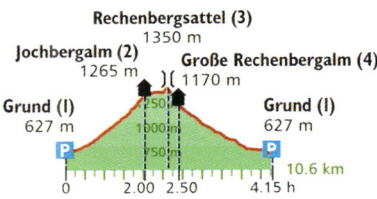

Gemütliche Rundtour mit Bademöglicheit

Zwischen dem nördlich von Reit im Winkl gelegenen Masererpass und dem Weitsee befindet sich der unspektakuläre bewaldete Reitberg. Dieser wird eingefasst von mehreren Bächen, die den kleinen Fluß Weißlofer speisen. Die Nordseite des Reitbergs wird von einigen tiefen Gräben durchzogen, daher auch der bezeichnende Namen für dieses Wanderziel: Man geht »in die Gräben«. Wir haben aufgrund dieser landschaftlichen Gegebenheit eine schöne, stille Rundtour zusammengestellt. Es erwarten uns keine Einkehrstationen, aber lauschige Plätze zum Brotzeitmachen, schöne Ausblicke auf den Wilden Kaiser und das eine oder andere almtypische Kleinod.

Talort: Reit im Winkl, 695 m.
Ausgangspunkt: Wanderparkplatz etwa 3,7 km nördl. von Reit im Winkl an der Bundesstraße in Richtung Oberwössen, auf der linken Seite.
Anforderungen: Die Tour verläuft auf Almwegen, Forststraßen und gut ausgebauten Wanderwegen; Mark. 8 und 7

(blau). Nur leichte Steigungen; kurzer, etwas steiler Abstieg von der Oberen Gräbenalm.
Höhenunterschied: 420 Hm im Auf- und Abstieg.
Einkehr: Unterwegs keine. Zahlreiche Gh. in Reit im Winkl.
Tipp: Badesachen mitnehmen.

Vom **Parkplatz (1)** an der B 305 in nördlicher Richtung ein Stück der Straße entlang, dann biegen wir rechts in den Forstweg ein (Mark. 8, blau), der uns mit der Ausschilderung »Gräbenalm – Weitsee« die weitere Richtung vorgibt. Auf schattigem Weg wandern wir durch Laubwald immer am Bach entlang bequem aufwärts. Wir überqueren ein paar Mal den uns begleitenden Bach und passieren die eingefasste St.-Bonifatius-Quelle. Nach einer Dreiviertelstunde Gehzeit treffen wir auf eine breite Forststraße. Wir nehmen den zwei-

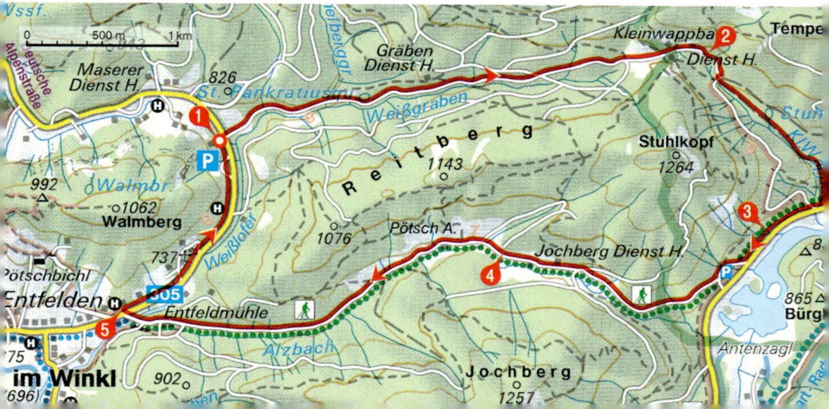

Der Weitsee lädt an einigen Stellen auch zum Baden ein.

ten, oberen Arm und gelangen so auf die Wiesen der Oberen Gräbenalm (Zenz-Kaser). Vor dem Kaser gehen wir rechts, sodann wieder links, steigen nun auf steilerem Pfad ein kurzes Stück abwärts und erreichen nach 10 Minuten eine Forststraße, kurz vor der **Wappach-Diensthütte (2)**. Statt auf der Forststraße zu wandern, die ebenfalls hinunterführt zum Weitsee, nehmen wir den Bergpfad. Wir queren also die Straße und folgen durch Wald dem gerade abwärts führenden Steig, der bald parallel zum Kleinen Wappbach verläuft. Diesem folgen wir nun weiter talwärts. Das letzte Stück geht es auf einem Forstweg hinab zum Holzlagerplatz an der Deutschen Alpenstraße, direkt am **Weitsee (3)**, der hier bis zur Straße heranreicht und wo wir etliche Badestellen finden.

Dort 10 Minuten rechts an der Deutschen Alpenstraße entlang, Richtung Seegatterl, bis uns ein Wegweiser Richtung Jochberg leitet. Wir passieren die Straßensperre und wandern auf einem Wirtschaftsweg durch Wald (Mark. 7, blau) hinauf zu den **Jochbergalmen**, 900 m, mit mehreren Almhütten und der Jochberg-Diensthütte, die wir nach einer knappen halben Stunde erreichen. Über die Almböden in westlicher Richtung weiter, vorbei an ein paar Almgebäuden, darunter der **Sotteralm (4)** und die Pötschalm, bis uns nach etwa 20 Minuten wieder der Wald aufnimmt. In einer halben Stunde gelangen wir auf einer Almstraße hinab nach **Entfelden (5)**, das wir beim

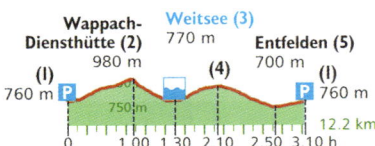

Haus »Entmühle« erreichen. Hier treffen wir auch wieder auf die Bundesstraße, auf die wir nun rechts einbiegen. Nach weiteren 20 Minuten auf dem Pfad an der linken Straßenseite erreichen wir unseren **Parkplatz (1)** an der B 305.

Bequeme Wanderung zu einem Ziel mit Kaiserblick

Inmitten des Eggenalmgebietes – das von der Kuppe des Fellhorn nur um wenige hundert Meter überragt wird – liegt das 1978 neu erbaute und in den Jahren 1999 bis 2001 generalsanierte Straubinger Haus, eingebettet in weite Almwiesen. Das Fellhorn beeindruckt am Gipfel durch seinen steilen, tausend Meter hohen Abbruch. Tief unten liegen St. Johann und Waidring. Die Aussicht erstreckt sich über den Wilden Kaiser, die Loferer Steinberge, die Kitzbüheler Alpen, die Reiter Alm und das Steinerne Meer. Darüber erheben sich die schneebedeckten Gipfel der Zentralalpen: Wiesbachhorn, Großglockner und Großvenediger. Der kürzeste Anstieg verläuft über das Hindenburghaus und den Filzenweg, der durch ein Hochmoor mit typischer Flora führt.

Talort: Reit im Winkl, 695 m.
Ausgangspunkt: Hindenburghaus, 1261 m, Privatbus dorthin vom südl. Ortsende bei der Steinbachbrücke im OT Blindau, Abfahrt zw. 9–12 Uhr immer zur vollen Std., bei hohem Fahrgastaufkommen halbstdl., letzte Talfahrt 16.30 Uhr. Oder zu Fuß entlang Wirtschaftweg hinauf (ca. 1 Std.).
Anforderungen: Forst- und Almwege, Bergsteige. Der Filzenweg ist bei Nässe nicht sehr empfehlenswert.
Höhenunterschied: 560 Hm im Auf- und Abstieg.
Einkehr: Hindenburghaus, 1261 m (priv., ganzjährig bew., keine Übernachtung). Straubinger Haus, 1600 m (AV-Hütte, Anf. Mai bis Anfang Nov. tägl. geöffnet, Weihnachten bis Ostern Do. bis So.; 16 Betten und 60 Lager; Tel. 0043/5375/6429, www.straubingerhaus.de).
Variante: Vom Straubinger Haus ein Stück des Anstiegsweges wieder zurück, nach der Tafel für den Grenzübertritt rechts halten und einen ins Rührkübeltal abfallenden Steilhang hinunter. Durch Wald an diesem entlang bis zu einem Sattel. Dort rechts haltend hinab und bald über Almwiesen zu den Hütten der Oberen Hemmersuppenalm (Sulzner Kaser, 1220 m, im Sommer einf. bew.). Dann der geteerten Almstraße leicht ansteigend zur Anna-Kapelle folgen und nahezu eben hinaus zum Hindenburghaus wandern.

Am **Hindenburghaus (1)** wandern wir zwischen Gasthaus und Schuppen bergan und erreichen über eine Kehre den geteerten Almweg, der in Richtung Obere Hemmersuppenalm nach Südosten weiterführt. Auf einer kleinen Hochebene zweigen wir (Schild: »Eggenalm/Straubinger Haus«) nach 15 Minuten von diesem dann rechts ab und wandern über Wiesen und durch Wald über den sogenannten »**Filzenweg**« (Mark. 152) leicht bergan. Der Weg wird dann

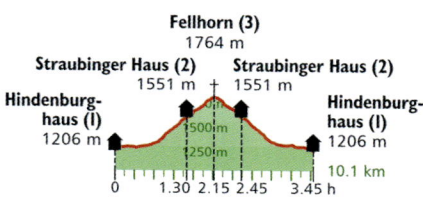

Fellhorn (3) 1764 m
Straubinger Haus (2) 1551 m
Straubinger Haus (2) 1551 m
Hindenburghaus (I) 1206 m
Hindenburghaus (I) 1206 m
500m
250m
10.1 km
0   1.30 2.15 2.45   3.45 h

steiler und trifft auf eine Weggabelung (von links mündet hier der Weg von der Oberen Hemmersuppenalm ein; siehe Variante). Nachdem wir die Staatsgrenze nach Österreich überschritten haben, wird es noch etwas steiler und der Weg bietet nun freie Sicht nach Norden, auf den Mühlprachkopf und Gurnwandkopf. Über freies Gelände erreichen wir einen Sattel, den höchsten Punkt unserer Tour, und haben direkt vor uns die Spitze der Kapelle sowie das Straubinger Haus im Blick. Darüber erheben sich die Felsspitzen des Kaisergebirges. Leicht fallend wandern wir nun hinab zum **Straubinger Haus (2)**.

Um auf den Gipfel des Fellhorns zu gelangen, gehen wir vom Alpenvereinshaus kurz auf dem Anstiegsweg zurück und folgen rechts dem Schild »Fellhorn«; nach 100 Metern zweigt links unser Gipfelweg ab. Ein leicht zu begehender Pfad leitet uns nun über freies Gelände in südöstlicher Richtung über eine kleine Hochfläche zum **Fellhorn (3)**, ca. ¾ Std., der weit nach vorne geschoben wirkt und dann steil nach Süden abbricht. – Zurück zum Straubinger Haus und **Hindenburghaus (1)** auf demselben Weg.

Das Hindenburghaus am Anstiegsweg.

33 ***Taubensee, 1140 m***

Ein kleiner Bergsee und ein herrlicher Blick aufs Kaisergebirge

Nördlich von Kössen und Reit im Winkl liegt ein waldreiches, von zahlreichen Wanderwegen durchzogenes Almgebiet, das über eine kleine Besonderheit verfügt: den Taubensee, ein von Wald, Almrosen und Bergkuppen einge-rahmtes Juwel, das regen Zulauf zu verzeichnen hat. Malerisch liegt er von Bergwiesen und Wald umgeben, sodass wir gut und gerne einen beschau-lichen Tag dort verbringen können. Gleich zu Beginn unserer Wanderung müssen wir den Hausfallsteig »bewältigen«, der uns aber an einem reizvollen Wasserfall vorbeiführt. Im weiteren Verlauf durchstreifen wir ein hübsches Almgebiet, bis wir das »Auge der Chiemgauer Alpen«, den Taubensee, errei-chen. Bei der nahen Taubenseehütte werden wir mit guter Gastronomie und spektakulärem Fernblick bis in die Zentralalpen verwöhnt.

Talort: Reit im Winkl, 695 m.
Ausgangspunkt: Kirche in Reit im Winkl. Parkplätze im Ort.
Anforderungen: Beschilderte Fahrwe-ge und Almsteige; der »Hausbachfall-weg« erfordert Trittsicherheit und Schwin-delfreiheit.
Höhenunterschied: 720 Hm im Auf-

und Abstieg.
Einkehr: Stoibenmöseralm, 1280 m (von Juni bis Okt. bew.). Taubenseehütte, 1165 m (priv., nahezu ganzj. bew., Mo. Ruhetag, im Winter nur Mi. bis So., Nov. u. Dez. nur Sa./So.). Hutzenalm, 1015 m (ganzj. bew., Di. Ruhetag). Gh. in Birn-bach und Reit im Winkl.

Zwischen Kirche und Gasthaus »Post« in **Reit im Winkl (1)** gehen wir Richtung Norden zum Hausberg (100 Meter), dann links (Beschilderung »Glapfalm«) und bald wieder rechts. Auf gestuftem Wanderweg hoch und hinüber zur Krieger-Gedächtniskapelle. Dort rechts auf den »Hausbachfallsteig« (Mark. 2, rot). In einer halben Stunde überwinden wir die steile Talstufe, wobei wir an einem reizvollen Wasserfall vorbeikommen (etwas ausgesetzt, Drahtseilsicherung). Danach in schattigem Wald eine Viertelstunde leicht ansteigend hinauf zur breiten Forststraße. Nun folgen wir der Beschilderung »Glapfalm« (Mark. 1, rot) bzw. »Taubensee« (Mark. 3, rot, und Mark. 32, blau). Nach 10 Minuten vom Fahrweg links weg, dann nach wenigen Minuten kurz vor der Glapfalm rechts durch Wald hoch (wenige Meter) bis zum Fahrweg. Nun links weiter und meistens eben durch Wald, dann allmählich absteigend zu Almwiesen und zu einer Wegverzweigung (40 Min. von der Glapfalm). Zum Taubensee nun rechts auf dem breiten Weg (Mark. 3, rot) hoch durch Wald zu einer Forststraße, der wir ein paar Kehren lang folgen, dann rechts ab (die Stoibenalm bleibt links vom Weg) und weiter zur **Stoibenmöseralm (2)** und zur Sauermöseralm. Dort halten wir uns rechts (Luftbodensteig), bei der nächsten Wegverzweigung gehen wir wieder links und treffen so, leicht absteigend) von der Nordseite kommend, auf den **Taubensee (3)**. Ein Steig führt uns seitlich durch Wald an diesem vorbei zu den Wiesen auf der Südseite. (Hier trifft auch der Steig von der Schlechinger Seite ein, und hier ist auch der ideale Platz für eine Rast, mit Bohlenwegen zum Seeufer und Bergwiesen. Denn dieser höchst gelegene Bergsee der Chiemgauer Alpen ist zu zwei Drittel von steilen und bewaldeten Berghängen eingefasst.)

Zur **Taubenseehütte (4)** führt uns direkt in gerader Linie und seitlich vom Rauhe-Nadel-Kopf wiederum ein breiter Wanderweg (Wegweiser). Sie liegt etwas versteckt oberhalb des Sees hinter einem Hügel. Von dort wieder zurück zum Taubensee, bei den Wegweisern rechts halten und in einem Linksbogen durch Wald hinauf zum Sonnwendköpfl, 1279 m, ansteigen. Jenseits weiter zur Sauermöseralm, wo wir wieder auf unseren Anstiegsweg treffen. Diesem folgen wir nun talwärts bis zur Wegverzweigung, die wir beim Übergang von der Glapfalm passiert haben. Nun aber geradeaus weiter zur bewirtschafteten **Hutzenalm (5)** und auf einem Wirtschaftsweg weiter hinab nach **Birnbach (6)**. Knapp unterhalb zweigt links ein Wiesenweg ab, dem wir dann zurück nach **Reit im Winkl (1)** folgen.

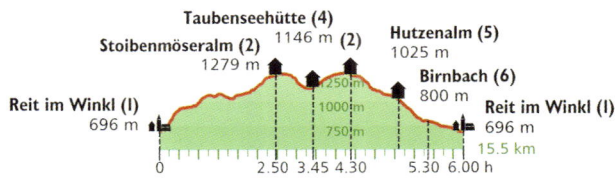

Der beschauliche Abstieg vom Fellhorn

Das Fellhorn ist ein Berg für alle Jahreszeiten – im Winter zieht es die Skitourengeher auf seinen flachen Rücken, im Sommer und im Herbst haben die Bergwanderer hier ihr Revier, hat doch auch das unterhalb des Gipfels gelegene Straubinger Haus die meiste Zeit des Jahres eine offene Tür. Der übliche Anstieg erfolgt dabei über das Hindenburghaus, das im Sommer von Blindau aus mit einem Kleinbus bedient wird und somit den langen Anstieg um ein erhebliches Stück verkürzt. Der Abstieg über die Weißensteinalm gehört dabei zu den Wander-Höhepunkten dieses Gebiets, auch deshalb, weil er die beste Gewähr für eine Wanderung abseits der viel begangenen Wege bietet. Kurz vor Schluss durchstreifen wir als letzten Höhepunkt noch die kleine, aber eindrucksvolle Klausenbachklamm.

Talort: Reit im Winkl, 695 m.
Ausgangspunkt: Reit im Winkl, OT Blindau, 714 m, am südli. Ortsrand bei der Steinbachbrücke; Wanderparkplatz. Oder Pendelbus zum Hindenburghaus (von der Ortsmitte bzw. Blindau, stündl., s. Tour 33).
Anforderungen: Forst- und Almwege, Bergsteige. Filzenweg nach dem Hindenburghaus bei Nässe nicht empfeh-

lenswert.
Höhenunterschied: 840 Hm im Auf- und Abstieg.
Einkehr: Hindenburghaus, 1261 m (priv., ganzj. bew., keine Übernachtung). Straubinger Haus, 1600 m (AV-Hütte, Anfang Mai bis Anf. Nov. tägl. geöffnet, Weihnachten bis Ostern Do. bis So.; 16 Betten und 60 Lager; Tel. 0043/5375/6429, www.straubingerhaus.de).

Von **Blindau (1)** wandern wir zunächst auf dem Wirtschaftsweg (für den öffentlichen Verkehr gesperrt) über die Geschwendlam unfehlbar hinauf zum bewirtschafteten **Hindenburghaus (2)**. Der interessantere Weg vom Hindenburghaus hinauf zum Straubinger Haus führt über den sogenannten »**Filzenweg**«, der kurz hinter dem Hindenburghaus (nach 15 Min.) von der asphaltierten Fahrstraße rechts abzweigt und durch Wald hinaufführt (bei Nässe besser die Route aus Tour 32 gehen, s. dort) zum Straubinger Haus. Vom **Straubinger Haus (3)** gehen wir nun in nordwestlicher Richtung auf

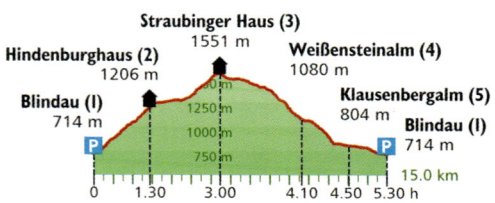

breitem Weg durch die Almwiesen hinab, wo nach 10 Minuten der Steig Richtung »Kössen/Blindau« links abzweigt. Dieser führt durch lichten Bergwald in einer guten halben Stunde hinab zur unbewirtschafteten Neualm. Rechts an dieser vorbei und über einen Bergsteig durch Buchenwald weiter hinab (Mark. 27, rot), zuletzt in einem Linksschwenk zur aufgelassenen **Weißensteinalm (4)**. Weiter der Beschilderung »Blindau« folgend gelangen wir zur **Klausenbergalm (5)**. Den nun breiten Weg verlassen wir beim Schild »Klausenbachklamm«, die wir auf ungefährlichem Steig durchqueren. Nach der Klamm steigen wir wieder hinauf zur Fahrstraße. Kurz vor den ersten Häusern von Blindau zweigen wir rechts ab und wandern am Waldrand entlang hinüber zum Wanderparkplatz in **Blindau (1)**.

Über dem Waidringer Tal mit großartigen Ausblicken auf steile Felsberge

Der lange Bergzug der Chiemgauer Alpen zwischen Lofer und Erpfendorf wird auf seiner Südseite durch steile Wände gebildet, während er auf seiner Nordseite eher flach abfällt. Dort oben befinden sich einige weitläufige Almgebiete, denen wir einen Besuch abstatten wollen; das sind die Durchkaseralm, die auf der bayerischen Seite wenig bekannt ist, aber ein komplettes Almdorf bildet, sowie die Eggenalm, auf der sich das Straubinger Haus befindet. Unser Weg führt hoch über dem Tal der Großache, das die Chiemgauer Alpen von den Loferer Steinbergen trennt.

Talort: Waidring, 778 m, in Tirol.
Ausgangspunkt: Steinplatte; 4 km auf steiler Mautstraße (asphaltiert) bis zum Parkplatz, 1374 m. Oder Gondelbahn ab Waidring, 30 Min. bis Parkplatz. Bus von St. Johann/Tirol (Bhf.) nach Waidring.
Anforderungen: Bis Durchkaseralm Almfahrweg, dann breite Wanderwege und Bergsteige (eine ungefährliche seilgesicherte Stelle auf halber Strecke).
Höhenunterschied: 490 Hm im Auf- und Abstieg.
Einkehr: Brennhütte, 1413 m (Juni bis Spätherbst bew.). Straubinger Haus, 1600 m (AV-Hütte, Anf. Mai bis Anf. Nov. tägl. geöffnet, Weihn. bis Ostern Do. bis So.; 16 Betten und 60 Lager; Tel. 0043/

5375/6429, www.straubingerhaus.de). Ambachhütte (Durchkaseralm, Brotzeit).
Tipp: Die Steinplatte ist von Waidring mit einer Gondelbahn erreichbar. Bei der Bergstation befindet sich der Triassic Park, der uns an diesem größten Trockenriff Europas einen Einblick in die Urzeit vermittelt. Zahlreiche Spielmöglichkeiten für Kinder, eine künstliche Lagune, ein Haifischbecken, eine Korallenhöhle, Fossilien aus der ganzen Welt etc. Aussichtsplattform mit gruseligem Tiefblick auf Waidring (Anf. Juni bis Anf. Okt. tägl. 9–16.45 Uhr. www.triassicpark.at).
Kombinationsmöglichkeit: Wer mit öffentl. Verkehrsmitteln anreist, kann diese Tour mit den Touren 17, 33, 34 verbinden.

Der reizvolle Höhenweg im Bereich des Lahnerkogels.

Beim großen **Wanderparkplatz** auf der **Steinplatte (1)** folgen wir links einem Almfahrweg (dort zweigt gleich zu Beginn ein interessanter Naturlehrpfad rechts ab, ca. 20 Min. zusätzlich, der dann etwas oberhalb wieder auf den Hauptweg trifft) in Richtung Nordwesten. Zuerst leicht abwärts, dann wieder bergan und weiter eben zum Almdorf **Durchkaseralm (2)**. (Gut ½ Std., Abstecher auf halber Strecke zur etwas tiefer gelegenen, urigen Brennhütte möglich, die direkt am Lehrpfad liegt.) Von der Durchkaseralm geht der Weg weiter in der gleichen Richtung, bis er sich nach kurzer Gehzeit nach Westen wendet. Nun über Almwiesen und durch Latschenfelder, am Betenbichl und Lahnerkogel vorbei (hier befindet sich die einzige etwas heikle Stelle am Weg, die aber mit einem Drahtseil gesichert ist), bis an den Fuß des Eggenalmkogels – der dem gesamten Gebiet seinen Namen gegeben hat. Links am Kogel vorbei, dabei leicht ansteigend, erreichen wir bald die in einen Kessel eingebettete **Hochtrittalm (3)**. Auf einem Almfahrweg ansteigend auf einen Sattel und jenseits hinab zum **Straubinger Haus (4)** auf der Eggenalm.

Vom Alpenvereinshaus in südöstlicher Richtung auf der Fahrstraße ein Stück zurück, dann links den schmalen Bergsteig hinauf und über einige kleine Mulden und Latschenhänge zum Gipfel des **Fellhorns (5)**, der mit einer großartigen Aussicht punkten kann. Die Rückkehr zur **Steinplatte (1)** erfolgt mit kleinen Varianten auf dem Anstiegsweg.

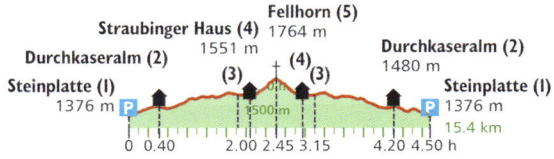

Bequeme Auffahrt, leichter Abstieg

Das Unterberghorn bei Kössen ist in geographischer Hinsicht ein Findelkind. Es gehört weder zum Wilden Kaiser, der sich in der Nachbarschaft steil aufbaut, noch zu den Chiemgauer Alpen. Als selbständiger Bergrücken lockt es jedoch das ganze Jahr über Tausende von Besuchern, im Winter die Skifahrer, im Sommer und im Herbst die Wanderer. Üblicherweise wird der Berg weitgehend mit der neuen Gondelbahn »erstiegen«. Für den Wanderer führt vom Gipfel ein bequemer und aussichtsreicher Steig hinunter nach Kössen mit weitem Blick auf Wilden Kaiser, Loferer Steinberge und Chiemgauer Alpen.

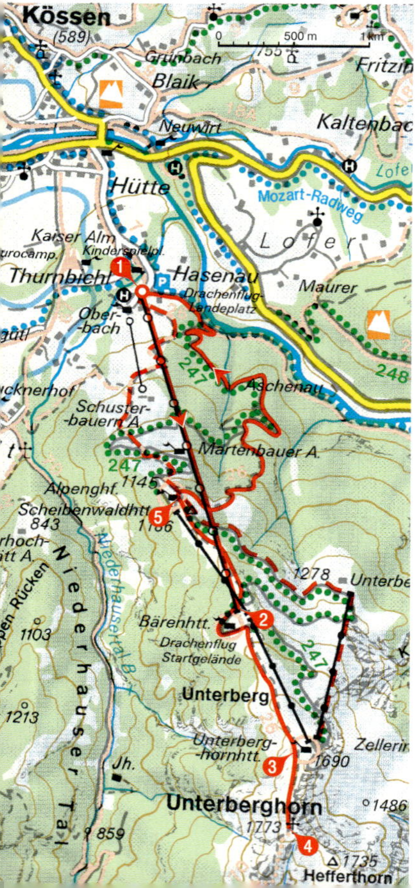

Talort: Kössen, 589 m.

Ausgangspunkt: Talstation der Unterberghornbahn, 614 m, mit Parkplatz; Zufahrt (Ausschilderung »Bergbahnen – Kössen – Hochkössen«) am Ortsanfang von Kössen (6 km westl. von Reit im Winkl), beim Gh. Hüttwirt rechts ab, dann 800 m auf Asphaltstraße bis zur Wegverzweigung, hier links.

Anforderungen: Wanderwege und Almstraßen; am Übergang zum Gipfel Trittsicherheit nötig. Abstieg ohne Schwierigkeit.

Höhenunterschied: 290 Hm im Aufstieg, 1160 Hm im Abstieg.

Einkehr: Bärenhütte bei der Gondelbahn-Bergstation, 1480 m; Gipfelhaus, 1700 m; Scheibenwaldhütte, 1145 m, sowie Sportklause an der Talstation, 620 m (alle zu den Betriebszeiten der Gondelbahn bew.).

Variante 1: Vom Gipfelgrat rechts auf gutem Steig in Nähe des Sessellifts hinab zur Unterbergalm, 1278 m. Dort links zur Scheibenwaldhütte.

Variante 2: Ab Scheibenwaldhütte als Alternative zum Fahrweg der Wanderweg über die Schusterbauernalm hinab zur Talstation.

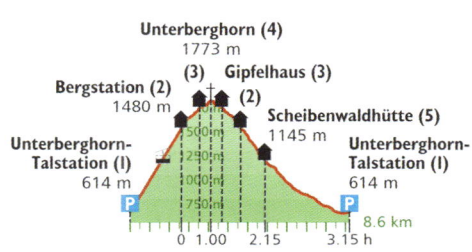

Am Bergfuß des Unternbergs bei Kössen.

Nach der Fahrt mit der **Unterberghornbahn** von der **Talstation (1)** hinauf zur **Bergstation (2)**, 1480 m, wandern wir auf markiertem und leichtem Wanderweg vorbei an der Bärenhütte hinauf zum **Gipfelhaus (3)** auf 1700 Meter Höhe. Von dort führt ein Steig in einer Viertelstunde über den schmalen Gipfelgrat zum höchsten Punkt des **Unterberghorns (4)**, 1773 m.

Anschließend gehen wir zurück zum **Gipfelhaus (3)** und auf dem Anstiegsweg weiter hinab zur Bärenhütte an der **Bergstation (2)** der Gondelbahn.

In der Nähe der Seilbahn leitet uns dann ein gut ausgeschilderter Wanderweg über freies Gelände weiter talwärts. Nach einem aussichtsreichen Schlendern erreichen wir bald die Mittelstation der Unterberghornbahn mit der bewirtschafteten **Scheibenwaldhütte (5)**, 1145 m. Von dort führt ein breiter, aber für den öffentlichen Verkehr gesperrter Fahrweg (Achtung Mountainbiker!) zunächst über freies Gelände, dann durch Wald in mehreren Kehren in einer guten Stunde wieder hinab zur **Talstation (1)** der Gondelbahn in **Hochkössen**.

Besuch auf einer schön gelegenen Jausenstation über dem Walchsee.

Der Ferienort Walchsee im Kaiserwinkl hat sich zu einem Ganzjahres-Vergnügungsort entwickelt. Frühjahr und Herbst gehören vorwiegend den Bergwanderern. Die Ottenalm, am Fuß der Harauer Spitze – dem höchsten Gipfel des Kranzinger Bergs – gelegen, ist jedoch ganzjährig geöffnet. In der rustikalen Stube gehört »Hüttenzauber« sozusagen zum täglichen Programm, das von Zeit zu Zeit sogar musikalisch untermalt wird.

Talort: Walchsee, 658 m, in Tirol.
Ausgangspunkt: Ortsmitte von Walchsee. Parkmöglichkeit im Ort; bzw. am Ortsanfang gegenüber der Seepromenade, große öffentliche Parkplätze (gebührenpflichtig).
Anforderungen: Der Anstieg über den Kamm des Kranzinger Bergs erfordert Trittsicherheit und Schwindelfreiheit, stellenweise Drahtseilsicherung. Breite, schöne Wanderwege für die Rückkehr von der Ottenalm nach Walchsee.
Höhenunterschied: 460 Hm im Auf- und Abstieg.
Einkehr: Jausenstation Ottenalm, 965 m (priv., Anf. Mai bis Ende Okt. tägl. 10–18 Uhr, Mitte Dez. bis Mitte März). Riederalm, 830 m (im Sommer bew.). Gh. in Walchsee.
Tipp: Wer es eher sportlich mag, kann sich am neuen Klettersteig an der Harauer Spitze erproben. Klettersteigset und Kletterhelm obligatorisch.

Am östlichen Ortsrand von **Walchsee (1)** wandern wir auf der Johannesstraße in Richtung Ortsmitte und biegen dann auf der Nordseite der Straße rechts ab auf einen Wanderweg, der nach 100 m rechts in Richtung Kalvarienberg (WW) abbiegt. Der Anstieg geht sofort steil hinauf (drei große Holzkreuze) und erlaubt bald einen schönen Rückblick auf den Walchsee. Auch der weitere Anstieg ist zwar steil (einige Treppenstufen), führt aber in den Wald hinein und ist dann angenehm schattig (wir folgen dabei der Mark. 49/»Kugelwand«). Wir treffen auf einen Forstweg, folgen diesem kurz

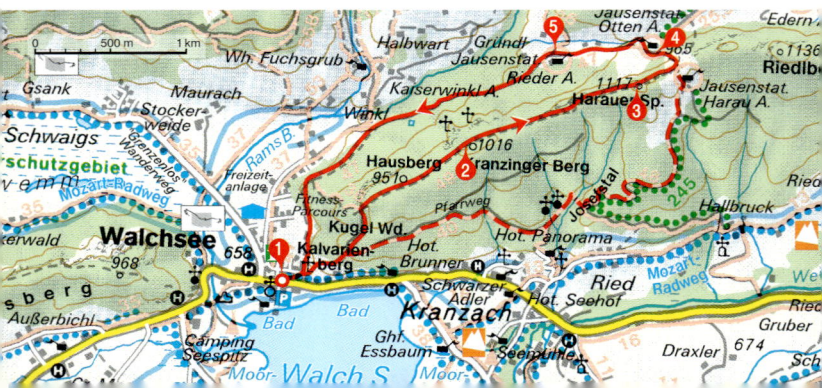

![Der Walchsee verlockt zum Baden; hier der Blick nach Süden auf das Kaisergebirge.]

Der Walchsee verlockt zum Baden; hier der Blick nach Süden auf das Kaisergebirge.

nach links und halten uns bei der nächsten Gabelung rechts. Nun auf schmalem Pfad hinauf zum Hausberg, 951 m. Nachdem wir etwa die 1000-Meter-Grenze erreicht haben, geht es in leichtem Auf und Ab auf einem sehr interessanten Kamm durch Wald etwa 45 Minuten dahin, wobei wir den **Kranzinger Berg (2)** überschreiten und auf die **Harauer Spitze (3)**, 1117 m – die höchste Erhebung auf dieser Route – zuhalten. Dann steil hinauf zum höchsten Punkt (nach beiden Seiten bieten sich immer wieder schöne Ausblicke). Bei einer Weggabelung halten wir uns links (rechts geht es zur bewirtschafteten Horaualm), durch eine Drehtüre, wo uns ein steiler, mit Treppen und teilweise mit Drahtseil gesicherter Steig hinab zur **Ottenalm (4)** leitet. Für die Rückkehr wählen wir den breiten, sandigen Fahrweg (Mark. 47) Rich-

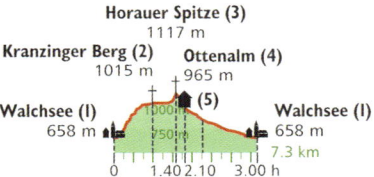

tung Südwesten durch Bergwiesen und Wald, vorbei an der bewirtschafteten **Riederalm (5)**, hinab nach Winkel. Kurz vor Erreichen des Weilers Angering den linken schmalen Weg nehmen und am Fuß der Kugelwand entlang (Wegweiser) zurück nach **Walchsee (1)**.

Aussichtsbalkon gegenüber dem Wilden Kaiser

Der »Rummelplatz« Walchsee lässt nicht vermuten, dass in seiner Umgebung gemütliche und nicht überlaufene Wanderungen möglich sind. Der Anstieg zum privaten Wandberghaus und der Abstecher zum Lochnerhorn gehören zum Feinsten, was man dort unternehmen kann. Diese Tour führt rund um den Lochner Graben, unterwegs bieten sich Blicke auf Wilden Kaiser und den Geigelsteinkamm. Tief unter uns liegt die »Schwemm«, das höchstgelegene Moorgebiet Nordtirols mit einer Fülle seltener Tier- und Pflanzenarten. Reizvoll auch der Lochner-Wasserfall oberhalb von Winkl.

Talort: Walchsee, 658 m.

Ausgangspunkt: Von Walchsee-Ortsmitte in die Alleestraße, vorbei an der Biokäserei Walchsee, bis wir nach 500 m auf den Wanderparkplatz mit dem Ramsbachstüberl stoßen. Parkmöglichkeit im Ort Walchsee bzw. am Ausgangspunkt (gebührenpflichtig).

Anforderungen: Im Anstieg Bergsteig und Almwege, auf dem Rückweg Almwege und schmale Bergpfade; der Abstieg ist steil, aber ohne Schwierigkeiten.

Höhenunterschied: 780 Hm im Auf- und Abstieg.

Einkehr: Burgeralm auf der Wandbergalm, 1320 m (Mitte Mai bis Okt. tägl. bew.); Wandberghaus, 1350 m (priv., 40 Betten und Lager, ganzj. bew., nicht im Nov./Dez., Mi. Ruhetag, im Sommer jedoch durchgehend, Tel. 0043/664/4321770); Gh. Fuchsgrub in Winkl.

Vom **Wanderparkplatz** in **Walchsee (1)** rechts auf der Fahrstraße über den Ramsbach, dann sogleich rechts auf dem Wirtschaftsweg (Gatter) am Ramsbach entlang zum Weiler Winkl. Am Ortsanfang beginnt links der steile Anstieg (Beschilderung »Wandberg«, »Wandberghaus«, »Brennalm«; Mark. 54, rot-weiß). In steilen Serpentinen den Hang hinauf, bis wir nach etwa 15 Minuten auf eine Wegverzweigung treffen.

Blick auf das gemütliche Wandberghaus, in dem man auch übernachten kann.

Weiter rechts (der Mark. 55b folgend) 10 Minuten durch schattigen Wald, wo wir nach einer Viertelstunde auf einen Forstweg treffen. Wenige Minuten rechts auf ihm, dann wieder links hinauf durch Wald (Abkürzer). Weiter auf dem Forstweg, immer den Bach entlang, leicht steigend in nördlicher Richtung höher. Nach 20 Minuten verlassen wir den Forstweg. Links steil hoch, dann mäßig steil Richtung Norden. Nach etwa 1¼ Stunden treffen wir wieder auf den Bach, der uns vorher schon eine ganze Weile begleitet hat. Wir verlassen ihn bald wieder und steigen nun durch lichten Wald höher, bis wir auf die ersten Almmähder treffen. Immer links haltend über die Almwiesen hinauf zur bestoßenen **Burgeralm (2),** 1315 m, auf der im Sommer noch Kühe und nicht nur Jungvieh weiden. Daher wird auch noch in alter Tradition Butter und Almkäse hergestellt. Auf einem Wirtschaftsweg legen wir anschließend das letzte Stück Weg zum **Wandberghaus (3)** zurück.

Vom privaten Unterkunftshaus wandern wir dann in einem weiten Rechtsbogen auf breitem Wirtschaftsweg – zum Teil durch Wald – hinüber zur Lochneralm. Weiter geht es auf einem Almweg in südöstlicher Richtung bis zu einer Wegverzweigung. In gleicher Richtung weiter zum wenig ausgeprägten **Lochner Horn (4)**, 1448 m. Wieder zurück zur Wegverzweigung, dort links und dem steilen Pfad (Mark. 53) hinunter zur Kohlenriedalm, 1280 m, folgen. Weiter auf diesem Pfad, immer links haltend, nach **Winkl (5)**. Auf der Asphaltstraße zurück zum Ausgangspunkt in **Walchsee (1)**.

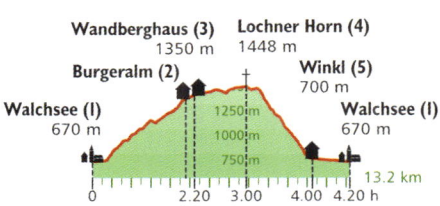

Auf den Hausberg der Kössener

Von der bayerischen Seite aus ist die Rudersburg wohl eher als vernachlässigter Gipfel anzusehen, nicht so jedoch von der Kössener Seite. Hier stürmen die Wanderer in Scharen auf den Gipfel und holen sich die begehrten Stempel für den Wander-Marathon. Die Aussicht auf den Geigelsteinkamm, die Kampenwand und den Zahmen Kaiser machen den Anstieg über die Südseite zweifellos auch attraktiver.

Talort: Kössen, 589 m.

Ausgangspunkt: Staffen, 600 m; von Kössen-Ortsmitte über die neue, überdachte Staffenbrücke aus Holz (eine der größten dieser Art in Europa) nach Westen bis zur Sportalm (gebührenpflichtiger Parkplatz). Oder weiter rechts die Straße entlang, bis wir nach 700 m auf einen kleinen Wanderparkplatz treffen.

Anforderungen: Almfahrwege und leichte Wanderwege, Gipfelanstieg stellenw. steil und felsig, Trittsicherheit erforderlich.

Höhenunterschied: 810 Hm im Auf- und Abstieg.

Einkehr: An der direkten Gipfelroute keine, aber bei einer Verlängerung der Tour hinauf zur Karalm (1268 m, unregelmäßig bew.). Sportalm, Gh. Staffenberg in Nähe des Ausgangspunktes.

Variante: Abstecher zum Berggh. Ederalm im hinteren Staffenbachtal (ca. 10 Min. hin u. zurück) oder aber zur Ottenalm (s. Tour 37, zusätzlicher Zeitaufwand ca. 45 Minuten).

Tipp: Von Kössen ist es nicht weit nach Klobenstein (s. Tour 40), zur Wallfahrtskirche und zum gleichnamigen Gasthaus. Ein erholsamer Ausklang der Wanderung.

Vom **Parkplatz** im Bereich der Sportalm im Kössener Ortsteil **Staffen (1)** folgen wir zunächst einem Wirtschaftsweg durch Wiesen ins Staffenbachtal. Wir wandern vorbei an den Gebäuden des Dichtler-Anwesens zur Talstation des ehemaligen Staffenberg-Sessellifts. Von hier führt ein breiter, steiler Fahrweg (Mark. 23) weiter in Richtung Süden, dann nach Westen über die steilen Bergwiesen hinauf zur unbewirtschafteten **Welzenalm (2)**.

Von dort folgen wir der Ausschilderung »Karalm« (Mark. 24). Bei der Wegverzweigung rechts (links ging es zur Ottenalm). In Kehren gewinnen wir Höhe und gelangen zur Unteren Notheggeralm. Hier verlassen wir den Weg nach rechts und treffen weiter oben auf den Staffenbach, den wir nach rechts überqueren. Wir treffen auf eine Weggabelung, an der wir rechts dem Schild »Rudersburg/Naringalm« folgen. Wir passieren eine Schranke und wandern nun auf breitem Weg nahezu eben durch lichten Wald hinüber zu den Bergwiesen der Naringalm. An der Gabelung gleich zu Beginn der Bergmähder im spitzen Winkel links dem Schild zur »Rudersburg« (Mark. 23) folgen. Kurz darauf bei der Abzweigung zur Oberen Notheggeralm rechts und hinauf zu einer Wegkreuzung am Gipfelfuß, 1230 m, wo der Wirtschaftsweg endet.

Jetzt liegen noch etwa 30 Minuten Gipfelanstieg vor uns, für den Trittsicherheit und trockene Verhältnisse notwendig sind. Ein markierter Bergsteig in Richtung Gipfel führt zunächst durch Wald. Durch die hier

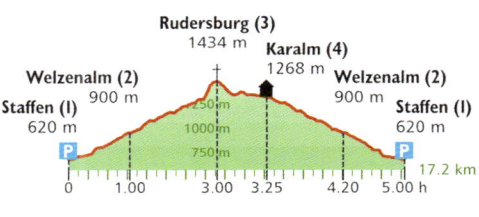

schroffe Seite der Rudersburg erleichtern Treppenstufen teilweise den Anstieg, dann über schrofiges Gelände hinauf zum höchsten Punkt. Auf dem Gipfel der **Rudersburg (3)** empfängt uns neben der Stempelstelle auch eine Sitzbank zum gemütlichen Ausruhen und ein Gipfelkreuz.

Auf dem Anstiegsweg wieder zurück zum Wegepunkt unterhalb, dann folgen wir halbrechts dem Wanderweg Nr. 87, der rechts einen kleinen, bewaldeten Buckel umgeht. Bald treffen wir auf den Almfahrweg zur **Kössener Karalm (4)**, dem wir nun rechts folgen. Mit etwas Glück können wir dort oben eine Almbrotzeit verspeisen. Für den Abstieg nehmen wir nun nicht den breiten Almweg, der gerne auch von Mountainbikern frequentiert wird, sondern nehmen den Wanderweg (Mark. 51), der auf der linken Seite des Hochtals wieder hinab führt. Wir treffen dann allerdings wieder auf den oben beschriebenen Almfahrweg und folgen diesem hinab Richtung Tal, wo wir bei der Unteren Notheggeralm auf unseren Anstiegsweg treffen. Diesem folgen wir zurück bis zum Ausgangspunkt in **Staffen (1)**.

Ein erholsamer Waldspaziergang oberhalb des Tiroler Achen

Keine Gipfeltour, keine berauschenden Fernblicke – auch auf Schmuggler werden wir nicht mehr treffen –, aber dennoch eine landschaftlich reizvolle Wanderung durch Wiesen, Wald und eine Klamm, die nachhaltig und wohltuend in Erinnerung bleibt. Für Kinder und weniger geübte Wanderfreunde bietet diese kleine Tour große Eindrücke, und gerade der Wendepunkt beim idyllisch gelegenen Gasthaus mit großem Gastgarten, die auf eine bereits im 17. Jahrhundert errichtete Einsiedelei zurückgeht, dürfte auf alle Besucher Eindruck machen. Höhepunkt der Tour ist sicherlich die Querung der Hängebrücke bei der Entenlochklamm, von der aus wir wagemutige Wildwasserfahrer beobachten können. Eindrucksvoll auch der Besuch der Wallfahrtskirche Klobenstein (= gespaltener Stein), denn der Legende nach wanderte einst eine Frau durch dieses enge Tal, als sie von einer Mure überrascht wurde. Als sie verzweifelt zur Mutter Gottes betete, spaltete sich ein großer Stein, in dem sie Schutz fand und so vor dem sicheren Tod bewahrt wurde. Man sagt den gespaltenen Steinen auch fruchtbarkeitfördernde Fähigkeiten nach, wenn man durch sie hindurchwandert.

Talort: Schleching, 569 m, südlich von Marquartstein.

Ausgangspunkt: Ettenhausen, südl. von Schleching, Wanderparkplatz an der Talstation der ehem. Geigelsteinbahn bzw. Parkplatz entlang der Anfahrtstraße dorthin (gebührenpflichtig). In Ettenhausen auf das Schild »Schmugglerpfad« achten (links ab).

Anforderungen: Die Tour verläuft auf Wanderwegen und problemlosen Steigen (Hängebrücke gefahrlos begehbar), im letzten Abschnitt ist jedoch Trittsicherheit erforderlich.

Höhenunterschied: 130 Hm im Auf- und Abstieg.

Einkehr: Gh. Klobenstein, 597 m (Ostern bis 1. Nov. bew.), unterhalb der Wallfahrtskirche.

Variante: Statt den gleichen Weg zurück eine Rundtour vom Gh. Klobenstein hinauf zur Verbindungsstraße Kössen – Schleching. Dann auf ihr links haltend zurück nach Ettenhausen (teilweise Pfad entlang der Straße).

Am **Wanderparkplatz** bei der Geigelsteinbahn in **Ettenhausen (1)** halten wir auf das südliche Ende zu, gehen ein paar Meter hinab zu einer Forststraße, der wir talwärts (also links) etwa 300 Meter lang folgen; dann biegen wir rechts in einen Wiesenweg ein, der uns zum Wirtschaftsweg leitet, der direkt aus der Ortsmitte in Richtung Süden, also zum Schmugglerweg, führt. Wir halten uns dort rechts (Informationstafeln) und folgen dem breiten, bequemen Wirtschaftsweg, der ab hier für den öffentlichen Verkehr gesperrt ist. Nahezu eben geht es durch Bauernwiesen in Richtung Süden, bis wir nach 15 Minuten an eine **Wegverzweigung (2)** kommen. Hier können wir einen Abstecher zum Riederburger See und zu einem Aussichtspunkt (»Schöne Aussicht«) oberhalb der Tiroler Achen machen.

Der »geklobene Stein« vor der Wallfahrtskirche.

Auf dem Hauptweg weiter, und wir gelangen durch schattigen Wald zu einem **Brückerl (3)** – Abzweiger zur Rudersburg. Ab hier wird der Weg nun schmäler. Links unter uns vernehmen wir das Rauschen der Tiroler Achen, passieren die Gedenktafel an einen tödlich verunglückten Holzmacher und gelangen in steiler werdenden Kehren zum Grenzübergang mit ehemaligem Grenzerhäuschen. Auf einem interessanten und schön angelegten, treppenartigen Steig, der immer wieder interessante Tiefblicke auf die Tiroler Achen bietet, der einen der Hauptzuflüsse des Chiemsees bildet, nähern wir uns der **Entenlochklamm**. (Der Weg kann von hier nach Kössen fortgesetzt werden.) Über eine stabile **Hängebrücke (4)** queren wir den Fluss und steigen in wenigen Minuten auf einem nun wieder breiten Weg zum **Gasthaus Klobenstein (5)** hinauf. Die berühmte Wallfahrtskapelle Klobenstein befindet sich nur wenige Minuten oberhalb. Wer lieber seine Brotzeit aus dem Rucksack verspeisen möchte, kann direkt am Fluss auf der schönen Kiesbank unter der Brücke einen Platz dafür finden. – Die Rückkehr nach **Ettenhausen (1)** erfolgt auf dem Hinweg.

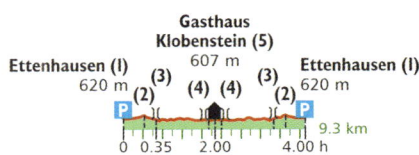

Gasthaus
Klobenstein (5)
Ettenhausen (l) 607 m Ettenhausen (l)
620 m (3) (3) 620 m
(2) (4) (4) (2)
P P
9.3 km
0 0.35 2.00 4.00 h

Auf den Renommierberg der Chiemgauer

Keiner der Chiemgauer Berggipfel erreicht eine Höhe von über 2000 m, und doch brauchen sie sich nicht zu verstecken. Eine Gipfelpyramide wie der Geigelstein erregt auch ohne Höhen-Superlativ unsere Neugier. Auf seinem Gipfel findet sich neben dem Kreuz auch eine kleine Kapelle. Berühmt ist der Geigelstein wegen seines Blumenreichtums, daher steht dieser reizvolle Fleck auch schon lange unter Naturschutz.

Talort: Schleching, 569 m.
Ausgangspunkt: Talstation der Geigelsteinbahn (zur Zeit nicht in Betrieb) in Ettenhausen, 2 km von Schleching, dort großer Parkplatz.
Anforderungen: Almstraße, Wanderwege und Bergsteige, die Gipfelüberschreitung setzt Trittsicherheit und Schwindelfreiheit voraus, ansonsten unschwierig. Ab Haidenholzalm auf Forstwegen.
Höhenunterschied: 1180 Hm im Auf- und Abstieg.
Einkehr: Berggh. Wuhrsteinalm, 1120 m (priv., ganzj. bew., 39 Betten und Lager,

Tel. 08649/986384). Grafnkaser, 1050 m, Wirtsalm, 1450 m, Roßalm, 1650 m, Heidenholzalm, 1350 m (alle im Sommer almtypisch bewirtschaftet).
Achtung: Der Übergang Geigelstein–Roßalm ist zwischen 1.11. und 1.5. aus Naturschutzgründen nicht gestattet.
Variante: Auf den Breitenstein, den Nachgipfel des Geigelsteins, von der Wuhrsteinalm über die verfallene Karalm und den Südgrat des Breitensteins; auf der anderen Seite hinab über die Wirtsalm und zur Wuhrsteinalm (Gehzeit 3½ Std.).

Vom **Wanderparkplatz** bei der Geigelsteinbahn in **Ettenhausen (1)** folgen wir zunächst dem schattigen Wirtschaftsweg über einige Kehren hinauf zum **Berggasthof Wuhrsteinalm (2)**. Hier befinden sich auch die ersten beiden Einkehrmöglichkeiten; links unterhalb liegt noch der Grafnkaser. Ein guter

Der Geigelstein von Ettenhausen gesehen.

Almweg leitet uns dann durch Bergwiesen – zum Teil über schmale Serpentinen – hinauf zur **Wirtsalm (3)**. Dort verzweigt sich der Weg (links führt ein Steig über einen Sattel zur jenseits gelegenen Priener Hütte). Wir gehen jedoch rechts weiter und steuern die hier steil werdende, mit Schrofen durchsetzte Südflanke des Geigelsteins an. Nach einer Dreiviertelstunde Gehzeit erreichen wir den Verbindungskamm zwischen Breitenstein und Geigelstein (mit überraschendem Tiefblick auf die Priener

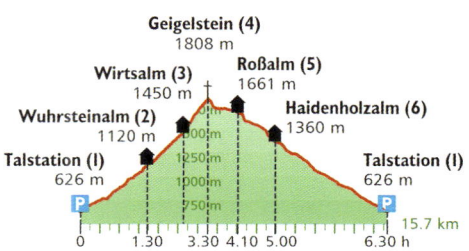

Hütte). Dort folgen wir rechts dem steilen Steig, der uns über Geröll und durch Latschen auf den Gipfel des **Geigelsteins (4)**, 1808 m, leitet.

Wir überschreiten den Gipfel in nördlicher Richtung und wandern durch eine Latschengasse hinab in den freien Roßalmsattel. Dabei genießen wir die Aussicht auf die umliegenden Gipfel. Bei den jeweiligen Wegverzweigungen halten wir uns immer rechts (rote Mark.). Dann nahezu eben seitlich im leichten Auf und Ab auf einem steinigen Pfad am Roßalpenkopf vorbei und leicht absteigend zur **Roßalm (5)**, der höchstgelegenen und heute noch bestoßenen Alm in den Chiemgauer Alpen. Über freies Gelände in nordöstlicher Richtung weiter, bis wir nach etwa 10 Minuten auf eine Wegverzweigung stoßen. Hier rechts dem Wegweiser »Haidenholzalm/Schleching« folgen. Auf schmalem Steig (Mark. 8, rot) durch reizvolles Gelände hinunter zur ebenfalls einfach bewirtschafteten **Haidenholzalm (6)**. Von dort leitet uns ein Forststräßchen hinunter zum Ausgangspunkt bei der **Talstation** der Geigelsteinbahn in **Ettenhausen (1)** – Ausschilderung beachten; bei der ersten Wegverzweigung rechts, bei der zweiten links.

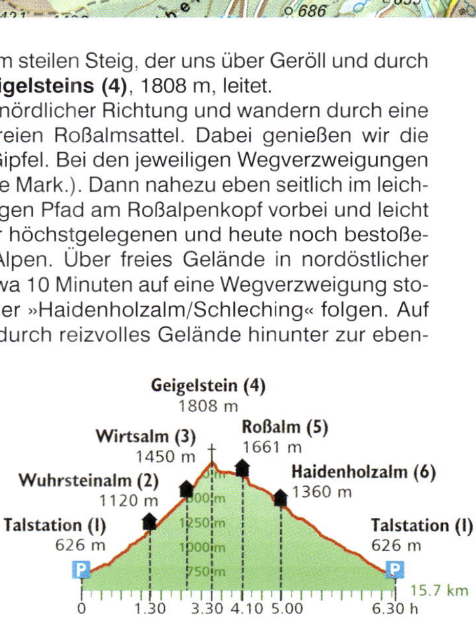

Über den Kroatensteig zu einem idyllischen Bergsee

Der Anstieg aus dem Schlechinger Tal über den bewaldeten Kamm der Rauhen Nadel ist – trotz des steilen Kroatensteigs – eine kurzweilige Unternehmung mit zahlreichen kleinen Höhepunkten; da ist zum einen die Streichenkapelle mit dem gleichnamigen Berggasthaus in Nähe des Ausgangspunktes, dann der schattige Aufstieg durch den Westhang der Rauhen Nadel mit Blick auf den Geigelstein. Und schließlich der Taubensee – der größte Bergsee in den Chiemgauer Alpen –, der uns zu einer beschaulichen Rast einlädt, bevor wir der Verlockung einer Einkehr in der Taubenseehütte nachgeben. Von dort genießen wir einen herrlichen Panoramablick auf den Wilden und den Zahmen Kaiser und bis weit hinein in die Zentralalpen.

Talort: Schleching, 569 m.

Ausgangspunkt: Wanderparkplatz am Ende der öffentlichen Straße zum Berggh. Streichen, 780 m. Anfahrt über Marquartstein und Schleching, bis kurz nach der Überquerung der Tiroler Achen links die Straße nach Achberg abzweigt. Auf dieser hinauf und bei der Wegverzweigung rechts weiter.

Anforderungen: Alm- und Wanderwege, Trittsicherheit notwendig am Bergsteig durch die Nordflanke der Rauhen Nadel (Kroatensteig).

Höhenunterschied: 520 Hm im Auf- und Abstieg.

Einkehr: Chiemhauser Alm, 1050 m (Mitte Mai bis Anf. Okt. einfach bew.). Taubenseehütte, 1165 m (nahezu ganzj. bew., im Winterhalbjahr Mo. u. Di. Ruhetag). (Berggh. Streichen, 814 m, ca. 10 Min. vom Ausgangspunkt, ganzj. bew.).

Vom **Wanderparkplatz (1)** kurz vor dem **Berggasthaus Streichen** gehen wir ein kurzes Stück auf der Zufahrtsstraße, bis links eine Almstraße abzweigt. Dieser folgen wir etwa fünf Minuten lang und nehmen alsbald den links abzweigenden schmäleren Weg durch schöne Bergwiesen zur Petereralm. Kurz hinter dieser Alm treffen wir auf eine weitere Almstraße, der wir nun rechts folgen. Schauen wir zurück, so haben wir einen freien Blick auf das Gipfelpaar Breitenstein und Geigelstein. Vorbei an der Donaueralm erreichen wir die **Chiemhauser Alm (2)**, die etwas abseits des Weges liegt. Kurz

Die Taubenseehütte bietet nicht nur Einkehr, sondern eine herrliche Panoramaaussicht.

zurück zur Wegverzweigung und bergwärts weiter, bis nach 150 m rechts der **Kroatensteig** (Wegweiser) in Richtung Rauhe Nadel weist. Zunächst geht es noch relativ flach zum Waldrand, dann wird es bald steiler auf dem gut begehbaren, teilweise mit Stufen versehenen Steig durch die steile und bewaldete Westflanke der Rauhen Nadel hinauf zur Kammhöhe, die uns allerdings hier keine Aussicht bietet. Jenseits hinab zu einem alten Grenzerhäuschen, wo wir auf einen Querweg stoßen, der vom links unterhalb liegenden Taubensee heraufführt. Hier gehen wir rechts, steigen kurz an und erreichen nach wenigen Minuten die **Taubenseehütte (3)**.

Nach einer ausgiebigen Brotzeit auf der südwärts gerichteten großen Terrasse kehren wir zurück zur Wegverzweigung und folgen dann dem Wanderweg geradewegs hinab zum **Taubensee (4)**. Von Wald und Almwiesen eingerahmt bietet sich dieser stille Bergsee für eine längere Rast an. Dort links durch Wald um den See herum und am anderen Ende durch lichten Wald auf einem guten Wanderweg hinauf in die Einsenkung zwischen zwei bewaldeten Erhebungen der Rauhen Nadel. Jenseits leitet uns nun steile Serpentinen hinab zu dem **Forstweg (5)**, den wir beim Anstieg kurz nach der

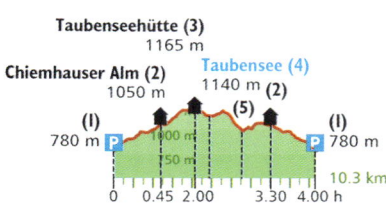

Chiemhauser Alm (2) verlassen haben. Auf diesem nun links haltend hinab, an der Alm vorbei, bis wir den Abzweig zur Peteralm erreichen. Dort links und auf dem Hinweg zurück zur Zufahrtsstraße zum Berggasthaus Streichen und rechts haltend zurück zum **Wanderparkplatz (1)**.

Die Kampenwand von Süden

Die Südseite der Kampenwand ist ein eher einsames Wandergebiet, zu sehr dominiert die Kampenwandbahn das Wandergeschehen. Doch dies gilt nur für die Anstiegswege hinauf. Oben angekommen breitet sich ein großartiges Panorama aus. Der Tiefblick auf den Chiemsee sowie die prächtigen Südabstürze der Kampenwand sind die landschaftlichen Highlights dieser Runde.

Talort: Schleching, 569 m.

Ausgangspunkt: Wanderparkplatz in Mühlau, 640 m; südl. von Marquartstein, hinter Mettenham rechts nach Mühlau, vor der Mühlbachbrücke rechts, 600 m weiter bis zum Parkplatz an der Forststraße zur Dalsenalm. Oberbayernbus zur Haltestelle »Abzweigung Mühlau«, 1,5 km zum Wanderparkplatz.

Anforderungen: Forststraße u. Wanderwege; Bergsteig beim Abstieg über die Steinbergalmen.

Höhenunterschied: 930 Hm im Auf- und Abstieg.

Einkehr: Vordere Dalsenalm, 946 m, Hofbauernalm, 1379 m (beide Anf. Juni bis Ende Sept. almtypisch bew.), Möslarnalm, 1450 m (tägl. Mitte Mai bis Anf. Okt. bew.), Sonnenalm, 1467 m (nahezu ganzj. bew., 72 Betten und Lager; Tel. 08052/4411), Steinlingalm, 1473 m (nahezu ganzj. bew., Mo. Ruhetag, jedoch Getränkeausgabe), Gh. Kampenwand in Mühlau.

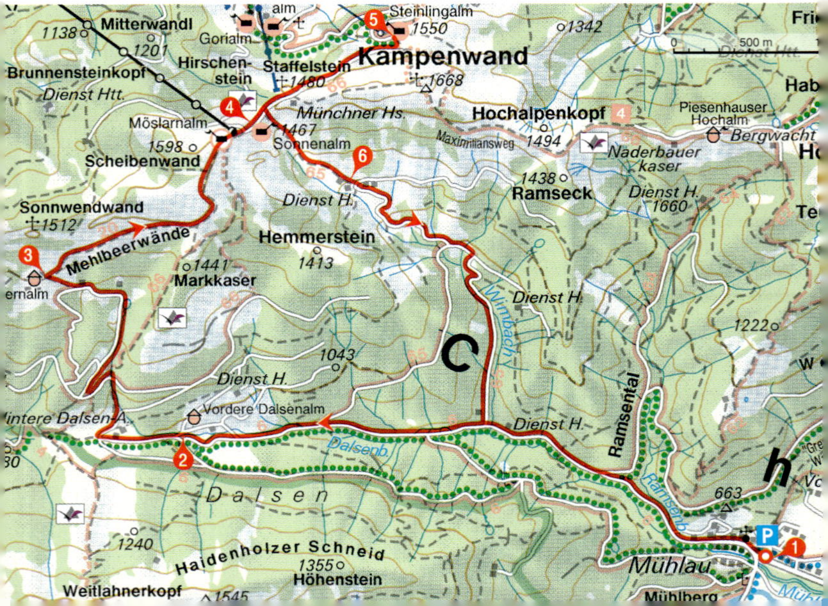

Vom **Wanderparkplatz** in **Mühlau (1)** folgen wir der breiten, überwiegend schattigen Forststraße – immer am Dalsenbach entlang – in Richtung Westen (Mark. 6, blau), mit gelegentlichen Blicken auf die sich rechts über uns erhebenden Felsen der Kampenwand. Nach einer Gehzeit von etwa eineinhalb Stunden durch dieses schöne Bachtal erreichen wir die Vordere **Dalsenalm (2)** mit ihren zwei Kasern. Jetzt auf Fußweg weiter durch Wald zu den Hinteren Dalsenalmen (20 Min.). Jenseits der Almen rechts auf der Forststraße weiter, bei der folgenden Spitzkehre nach links, dann nach einigen Minuten erneut rechts und auf Bergsteig über die

Die Dalsenalm liegt auf halber Strecke zur Steinlingalm.

Dalsen-Diensthütte zur **Hofbauernalm (3)**. Dort rechts, unter den Mehlbeerwänden vorbei, nur mehr sanft ansteigend, auf der Südseite der Scheibenwand in den Sattel, auf dem sich die Bergstation der Kampenwandbahn befindet. Hier gibt es gleich zwei Möglichkeiten zur Einkehr, die Möslarnalm und die **Sonnenalm (4)**. Dort links vorbei und hinauf in einen kleinen Sattel mit großartigem Blick aufs Alpenvorland. Leicht fallend nun auf breitem Panoramaweg hinüber zur **Steinlingalm (5)**. – Auf dem Höhenweg zurück bis zur **Sonnenalm (4)** kurz vor der Bergstation der Kampenwand; dort zweigt links ein steiler Steig ab (bei Nässe nicht ungefährlich), der uns rasch zu den **Steinbergalmen (6)**, 1200 m, hinableitet. Auf einem Wirtschaftsweg geht es dann in südöstlicher Richtung weiter talwärts, bis wir auf eine quer führende Forststraße stoßen. Dieser folgen wir zunächst links, dann bald wieder rechts (nach einer Brücke) und dann den Wimbachgraben hinab. Auf dieser Forststraße weiter bergab, bis wir auf die von Mühlau herauf führende Forststraße

treffen, auf der wir beim Aufstieg gegangen sind. Diese leitet uns nun links haltend über eine Brücke, dann vorbei an einer Diensthütte, den Dalsenbach entlang, hinaus zum Wanderparkplatz bei **Mühlau (1)**.

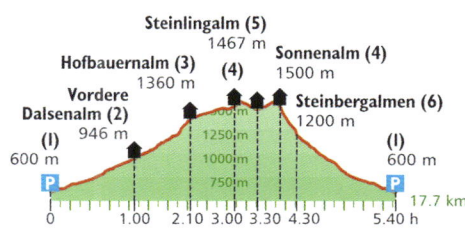

Auf eine formschöne Graspyramide

Auf der Nordseite der Hochplatte tummeln sich die Wanderer, doch die Südseite ist ein stilles Wanderrevier geblieben. Dieser kleine Abstecher auf die andere Seite des Kampenwandmassivs hat es in sich: Die Ausblicke über das Schlechinger Tal hinweg auf die Gipfel der Chiemgauer Alpen, besonders auf den nahen Geigelstein, sind beeindruckend. Und wenn wir Glück haben, ist auch eine der angesteuerten Almen bewirtschaftet und lädt uns zu einer Brotzeit.

Talort: Schleching, 569 m.

Ausgangspunkt: Mühlau, 640 m, südlich von Marquartstein und Schleching, hinter Mettenham rechts nach Mühlau, vor der Mühlbachbrücke rechts, Wanderparkplatz nach 600 m an der Forststraße zur Dalsenalm. Oberbayernbus-Haltestelle »Abzweigung Mühlau«, 1,5 km Fußweg zum Ausgangspunkt.

Anforderungen: Forststraße und Bergsteige; steiler Abstieg über die Oberauerbrunstalm. Anstieg auf die Hochplatte setzt Trittsicherheit voraus (nach Regenperiode unangenehm rutschig).

Höhenunterschied: 970 Hm im Auf- und Abstieg.

Einkehr: Piesenhauser Hochalm, 1319 m (Anf. Juni bis Mitte Okt. bew.), Oberauerbrunstalm, 980 m (im Sommer Sa./So. bew.), Gh. Kampenwand in Mühlau und Gh. Zellerwand in Mettenham (s. Tour 43).

Vom Wanderparkplatz bei **Mühlau (1)** folgen wir zunächst dem Forstweg bergwärts. Bei der ersten Verzweigung bleiben wir links und gehen leicht ansteigend eine halbe Stunde weiter in Richtung Dalsenalmen. Dann folgen wir der Abzweigung nach rechts ins Ramsental. Weiterhin durch Wald, nun leicht fallend, bis zum Ende der Forststraße. Dort beginnt ein Steig, der uns über zahllose kurze Serpentinen – vorbei an einer Diensthütte – steil hinauf zu einem quer führenden Steig leitet. Dort links weiter zur Bergwachthütte. An dieser vorbei und hinauf zur **Kammhöhe (2)**. Um hier oben einkehren zu können, müssen wir einen kurzen Abstecher nach links zur Piesenhauser Hochalm machen (20 Minu-

Die kegelförmige Hochplatte von Süden.

ten hin und zurück). Danach zurück zur Wegverzweigung auf der Kammhöhe, auf die wir bei unserem Aufstieg gestoßen sind, und geradeaus auf einem Almweg weiter in den **Sattel (3)** hinauf, der die Hochplatte vom Haberspitz trennt. Dort beginnt rechts der schmale Pfad, der uns in direkter Linie hinauf zum Gipfel der **Hochplatte (4)**, 1567 m, führt.

Vom Gipfel nun wieder auf dem Anstiegsweg zurück in Richtung Kampenwand bis zur Wegkreuzung. Bei drei Felsblöcken stehen die Wegweiser, die uns nun leiten werden. Wir folgen links dem Schild »Mühlau« (nach Süden) und wandern wieder an der Bergwachthütte vorbei. Die Fortsetzung des Weges nach dieser Hütte ist ein schmaler Pfad (Mark. 62), der uns nun nahezu eben durch Wald, unterhalb des Hochplattengipfels entlang und bis an die Schrofen des Teufelsteins heranführt. Der Pfad biegt dann nach rechts. Wir verlassen den Wald und steigen steil über Bergwiesen zur **Oberauerbrunstalm (5)** ab. Diese am Wochenende bewirtschaftete kleine Alm ist der Inbegriff einer oberbayerischen Alm mit ihren Holzschindeln und dem hübsch ordentlich gestapelten Holz vor der Hütte.

Wir wandern immer auf dem Kammrücken weiter abwärts über Bergwiesen und durch Wald, bis wir den Aussichtspunkt »**Vogelschau« (6)** erreichen. Kurze Zeit später treffen wir auf eine quer führende Forststraße. Dort kurz

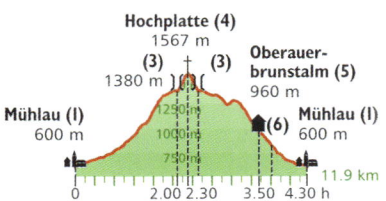

nach rechts, dann links hinab auf einem schmalen Wanderweg, der in einer knappen Viertelstunde zum ersten Bauernanwesen in Mühlau führt. Am Hofende vorbei und auf der Zufahrtsstraße in westlicher Richtung zurück zum Wanderparkplatz in **Mühlau (1)**.

Im Schatten der Kampenwand

Dank der Hochplattenbahn braucht der kleine Nachbar der Kampenwand über Besuch nicht zu klagen. Auf einem schönen, aussichtsreichen Höhenweg können wir einen großartigen Wandertag erleben, der zunächst durch einen kleinen Gipfelerfolg, dann durch Einkehr in reizvollen Almen gekrönt wird. Oben haben wir einen freien Blick auf das Voralpenland mit dem Chiemsee, später auf die reizvollen Erhebungen der Chiemgauer Alpen, die von Wechsel zwischen Wald und Almböden ein kontrastreiches Bild abgeben. Zwar können wir mit dem Sessellift bergauf- und bergabfahren und dadurch die Wanderungen verkürzen und vereinfachen, aber der Aufstiegsweg lohnt, so dass wir den Weg im Tal starten.

Talort: Marquartstein, 542 m
Ausgangspunkt: Talstation der Hochplattenbahn (OT Niedernfels), 619 m, Parkplatz, Anfahrt über Grassau und Piesenhausen.
Anforderungen: Breite Wege und unschwierige Steige, als Staffn-Rundweg ausgeschildert. Der Anstieg auf die Hochplatte setzt Trittsicherheit voraus (nach Regenperiode unangenehm rutschig).

Höhenunterschied: 970 Hm im Auf- und Abstieg.
Einkehr: Berggh. Staffnalm, 1085 m (nahezu ganzj. bew.), Piesenhauser Hochalm, 1319 m (Abstecher, Anf. Juni bis Mitte Okt. bew.), Plattenalm, 1320 m (Mitte Juni bis Mitte Sept. almtypisch bew.).
Tipp: Mit Kindern Besuch im Märchen- und Wildpark in Niedernfels, gleich in der Nähe der Talstation der Hochplattenbahn.

Hinter der **Talstation der Hochplattenbahn (1)** führt ein breiter Kiesweg in Kehren hinauf zur Bergstation und weiter zur **Staffnalm (2)**. Der Weg verläuft fast ausschließlich im Schatten von Bäumen und lässt sich deshalb auch bei

schönstem Wetter bequem gehen. Kurz vor der Staffnalm wählen wir den Staffn-Rundweg (Mark. 48). Links an der Einkehrstation vorbei, dann bald rechts und über die Bergwiesen zur Maieralm, dort rechts weiter zur nächsten Almhütte, dann links auf schmalem Pfad hinauf zu einem **Wirtschaftsweg (3)**. Auf der anderen Seite des Weges setzt ein Fußweg ein, auf dem wir den Großstaffen im Linksbogen umrunden. Leicht hinab in den Sattel vor dem Friedenrath zu einer Forststraße, der wir kurz folgen, bis rechts ein Wanderweg abzweigt. Nachdem wir einen Blick auf den sehr schönen, kreuzgeschmückten Friedenrath geworfen haben, wandern wir links an diesem vorbei in den **Sattel (4)** zwischen Friedenrath und Haberspitz. Von dort belohnt uns ein etwa halbstündiger Abstecher auf den **Friedenrath (5)** mit wunderschönen Ausblicken auf das Chiemseebecken, die Gedererwand und die Kampenwand.

Kurz bevor sich der Rundweg wieder in Richtung Staffnalm bewegt, verlassen wir ihn nach rechts und folgen dem Schild »Hochplatte« auf einem schmalen, aber gut gangbaren Steig seitlich am Haberspitz vorbei durch den Wald. Nur bei Nässe ist dieser Weg unangenehm. Nach etwa einer Dreiviertelstunde erreichen wir eine **Wegkreuzung (6)** auf dem Kamm, der die Hochplatte mit der Kampenwand verbindet. Hier mündet auch der Weg (Nr. 66) von der Kampenwand ein (der jedoch nur trittsicheren Bergwanderern empfohlen werden kann), dem wir nach rechts für einen Abstecher zur Piesenhauser Hochalm folgen können. Wir aber gehen auf dem Almweg (nach links), der in den Sattel zwischen Hochplatte und Haberspitz führt. Dort rechts über Bergwiesen und durch Latschen steil hinauf zum Gipfel der **Hochplatte (7)**. Bei Nässe und Schnee ist dieser Gipfelanstieg aber unangenehm, weil schmierig. Gipfelbuch, Stempel und eine atemberaubende Sicht bei klarer Witterung erwarten uns dort.

Vom Gipfel gehen wir auf gleichem Pfad hinab in den Sattel und folgen rechts dem Almweg zur **Plattenalm (8)**, wo wir auch einkehren können. Der ausgeschilderte Almweg führt uns unter dem Friedenrath entlang, quert eine Forststraße und führt so zur **Staffnalm (2)** und weiter zur Bergstation der Hochplattenbahn. Auf dem Anstiegsweg wieder hinab zur **Talstation (1)** in Niedernfels.

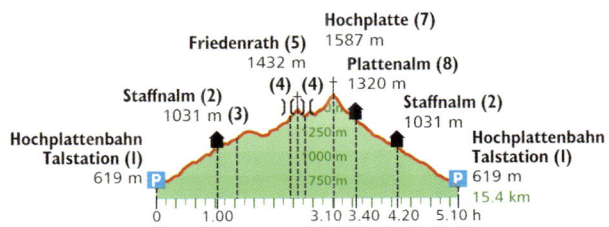

Kleine Einkehrrunde über die Grassauer Almen

Bei der Anfahrt in die Chiemgauer Berge lassen wir nicht wie manch andere Wanderer den Ort Grassau passieren, sondern starten direkt vom Ort aus eine sehr schöne Genusswanderung Zunächst die Hefteralm, eine richtige Familienalm mit Kühen, einem Pony und all dem Kleinvieh, das noch dazu gehört. Doch das Besondere dort oben sind die Speisen: Brot, Butter, Käse, Speck, Kuchen usw. – alles selbst gemacht. Nicht weit entfernt die Rachlalm, auch sie ist bewirtschaftet und Ziel des alljährlichen Grassauer Bergradl-rennens, außerdem finden dort gelegentlich Hoagartabende statt. Auf dem Rückweg lassen wir von der Zeppelinhöhe den Blick über das Achental schweifen. Und den sollten wir auch würdigen, denn die Gemeinden dieses Tales haben sich vor über 10 Jahren zum Ökomodell Achental e. V. zusam-mengeschlossen. Damit soll unter anderem ein naturverträglicher Tourismus und das dazu gehörende Gewerbe gefördert werden. Am letzten Samstag im September können wir beim Grassauer Michaeli-Markt – der alljährlich nach dem Almabtrieb stattfindet – das reichhaltige Angebot testen.

Talort: Grassau, 538 m.

Ausgangspunkt: Wanderparkplatz, 580 m, an der Zufahrtsstraße (»Hinterm Bichl«) zum ehem. Bergggh. Strehtrumpf, kurz hinter dem Bergbadstüberl. Die Weiterfahrt zum Gehöft Strehtrumpf ist möglich (Kasse für Parker). Chiemsee-Ringlinie bis Grassau (Haltestelle Grassau-Ortsmitte, Fußweg zum Ausgangspunkt 20 Min.).

Anforderungen: Fahrstraße, Almwege, mäßig steile Wanderwege. Im Bereich zwischen Hefteralm und Hufnagelalm nach Regen matschig.

Höhenunterschied: 390 Hm im Auf- und Abstieg.

Einkehr: Hefteralm, 930 m (Mitte Mai bis Anf. Okt. bew.). Rachlalm, 920 m (im Sommer bew.). Gh. in Grassau.

Vom **Wanderparkplatz (1)** hinter dem Bergbadstüberl (hierher auch von Grassau in 20 Minuten zu Fuß) folgen wir zunächst dem Sträßchen hinauf zum ehemaligen Berggasthaus Strehtrumpf. Am Ende der Fahrstraße halten wir uns links (Mark. 204) und gehen nun in einem Linksbogen auf einem Wanderweg um den Einöder Berg herum. Bei einer Diensthütte stoßen wir

Tiefblick über den Einöder Berg auf Grassau und das Voralpenland.

auf das Zufahrtssträßchen zur Hefteralm. Dieser folgen wir nun links und haben auch bald die **Hefteralm (2)** erreicht, die in einer Einsenkung liegt. Nach einer ausgiebigen Rast folgen wir kurz dem Fahrweg bergwärts, treten dann in den Wald ein und steigen bergan. Kurz bevor wir wieder Bergwiesen erreichen, zweigt links ein Steig ab. Wir folgen den Wegweisern in Richtung »Hufnagelalm« und »Rachlalm«. Auf manchmal feuchtem Weg ein steileres Stück durch Wald, dann im Linksbogen zu den Almwiesen. Direkt vor uns liegt nun der Hochgern. Wir wandern über einen kleinen Kamm hinweg und gelangen rechts haltend zur Hufnagelalm. Dort folgen wir dem Almweg zur nächsten Einkehr, der **Rachlalm (3)**.

Der Weiterweg verläuft in gleicher Richtung bis zu einem Wegkreuz; dort halten wir uns links und wandern links am bewaldeten Torkopf vorbei hinab in den Torgraben. Auf der anderen Grabenseite geht es eben durch Wald weiter, bis rechts ein Wegweiser zur **Zeppelinhöhe (4)** leitet. Diesen Aussichtspunkt lassen wir uns nicht entgehen, denn der restliche Abstiegsweg verläuft

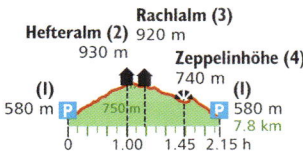

überwiegend durch Wald. Beim ehemaligen Berggasthaus Strehtrumpf erreichen wir wieder die Fahrstraße, der wir nun rechts hinab in Richtung Grassau, und damit zurück zum Ausgangspunkt am **Parkplatz (1)** wandern.

Rundtour über aussichtsreiche Vorberge

Diese Wanderung kann zu beinahe jeder Jahreszeit durchgeführt werden. Ausgangs- und Wendepunkt sind aussichtsreich gelegene Wirtshäuser, unterwegs erleben wir die landschaftlichen Höhepunkte dieser kleinen Tour: Der Chiemsee liegt zum Greifen nah und vom Höhenzug des Reifenbergs, den wir überschreiten, bietet sich überdies ein großartiger Blick auf die Kampenwand. Falls wir etwas mehr Zeit mitgebracht haben, können wir zu Beginn oder Ende der Wanderung einen Abstecher in die Wolfsschlucht machen. Entlang der alten »Salintreppe« führt hier eine alte Aufschlagswasserleitung, die zu Zeiten des Salinenbetriebs (1810 bis 1958) Druckwasser für den Betrieb der Salinenleitung von Reichenhall nach Rosenheim lieferte.

Talort: Bernau a. Chiemsee, 544 m.
Ausgangspunkt: Gh. Seiserhof, 700 m; Anfahrt von Bernau in Richtung Aschau, nach 2,5 km links abzweigen und auf Asphaltstraße hinauf zu Seiseralm und Seiserhof, 1 km. Parkplatz.
Anforderungen: Unschwierige Almsteige und Wege.
Höhenunterschied: 380 Hm im Auf- und Abstieg.
Einkehr: Gh. Seiserhof, 700 m, und Gh. Adersberg, 800 m.
Variante: Beim Gh. Adersberg, dem Wendepunkt der Runde, beginnen.
Tipp: Abstecher in die Wolfsschlucht (ca. 30 Min. hin- und zurück) und ggf. weiter bis zur bewirtschafteten Herrenalm (842 m, insg. 1 Std.).

Vom Parkplatz beim **Gasthaus Seiserhof (1)** folgen wir zu Fuß der asphaltierten Straße etwa 250 Meter weiter, bis links ein Wanderweg (»Salinenweg«) abzweigt. Nun leicht fallend durch Wald. Bei der nächsten Abzweigung halten wir uns rechts (»Salinenweg«, Mark. 33, blau), bei der dann folgenden wieder links und anschließend überqueren wir die Eisenbrücke, die über das obere Ende der Wolfsschlucht führt. Wir gehen nun wiederum links (rechts Abstecher in die Schlucht möglich) auf der leicht fallenden Forststraße weiter, bis wir kurz vor Erreichen der Wiesen auf den Abzweiger nach rechts hinauf zur Lindlalm treffen (20 Min.). Auf steilem Ziehweg wandern wir durch lichten Wald hinauf, halten uns dann bei den nächsten zwei Wegverzweigungen jeweils rechts weiter,

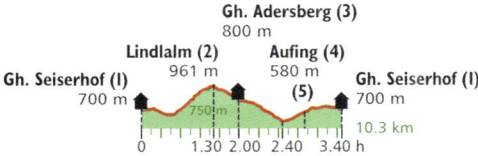

Der Seiserhof ist Start und Ziel unserer Wanderung über dem Alpenvorland.

bis sich nach weiteren 20 Minuten der Weg stark verengt (Beschilderung). In einer knappen halben Stunde erreichen wir nun links aufwärts die schön gelegene, aber nicht bewirtschaftete **Lindlalm (2)**, 981 m, bei der wir den höchsten Punkt unserer Wanderung erreicht haben. Großartige Aussicht!

An der Alm links vorbei und auf breitem Weg (Wegweiser »Adersberg-Höhenrundweg«) durch Wiesen und Wald in 20 Minuten hinab zum **Gasthaus Adersberg (3)**, wo wir nun einkehren und die Aussicht genießen können. An der Vorderseite nach links und eben in östlicher Richtung weiter durch eine steile Almwiese, dann durch Wald hinab, bis wir nach etwa 40 Minuten auf den Weiler **Aufing (4)** treffen. An diesem vorbei und auf der Asphaltstraße nach links wieder auf den »Salinenweg« (Mark. 32). Immer geradeaus weiter – nach 15 Minuten erreichen wir das Ende der Asphaltstraße – und auf Feldweg durch eine schöne Wiesenlandschaft. Bei der nächsten **Abzweigung (5)** nach links, bei der übernächsten rechts, und nach 15 Minuten links hinauf Richtung »**Wolfsschlucht**« (Beschilderung). Nach wenigen Minuten erreichen wir die Weggabelung, die wir beim Hinweg passiert haben. In einer knappen halben Stunde gelangen wir zum Gasthaus **Seiserhof (1)** zurück.

Gh. Adersberg (3)
800 m

Lindlalm (2)
961 m

Aufing (4)
580 m

Gh. Seiserhof (I)
700 m

(5)

Gh. Seiserhof (I)
700 m

750 m

10.3 km

0   1.30 2.00 2.40 3.40 h

Auf bequemem Weg auf das Schaustück der Chiemgauer Alpen

Das 12 Meter hohe Gipfelkreuz der Kampenwand ist bis weit hinaus ins Alpenvorland zu sehen. Und dort hinauf wollen wir auf direktem Weg. Denn der Anstieg durch das Rottauer Tal ist zwar der längste aller Anstiege auf dieses Wahrzeichen des Chiemgaus, aber auch der gemütlichste – abgesehen natürlich vom Schnellaufstieg mit der Kampenwandbahn. Wir bewegen uns hier auf breiten Wanderwegen sowie Alm- und Forstwegen, sodass zum Beispiel das Wandern in einer Gruppe hier ideal wäre. Kleiner Nachteil, es gibt keine Einkehrmöglichkeit bis zur Steinlingalm, kleiner Vorteil – wir werden auf dieser Strecke überwiegend alleine unterwegs sein.

Talort: Rottau, 538 m; 3 km von Bernau an der Straße nach Grassau.

Ausgangspunkt: Gh. Messerschmied in Rottau an der Deutschen Alpenstraße, Parkmögl. am westl. Ortsrand.

Anforderungen: Forststraßen und Wanderwege bis zur Steinlingalm, Bergsteig bis zum Gipfel, nur für trittsichere und schwindelfreie Bergwanderer. Teilweise abgespeckte Felsen, bei Nässe daher nicht ungefährlich. Drahtseilsicherung kurz vor dem Gipfel und kleine Eisenbrücke direkt auf dem Gipfel.

Höhenunterschied: 1070 Hm im Auf- und Abstieg.

Einkehr: Steinlingalm, 1450 m (nahezu ganzj. bew., zu den Revisionszeiten der Kampenwandbahn geschl., z. B. Nov. u. April, Mo. Ruhetag, jedoch Getränkeausgabe), Gh. in Rottau.

Variante 1: Vom Gh. Adersberg (Wanderparkplatz 50 m entfernt) losgehen, Zeitersparnis 60 Min., von hier führt ein Wirtschaftsweg (Mark. 44) bis hinauf zu den Almen zwischen Schwarzenberg und Gedererwand, wo wir auf den Anstiegsweg von Rottau treffen.

Variante 2: Ein günstiger Ausgangspunkt ist auch der Wanderparkplatz in Hintergschwendt (s. Tour 50), er verkürzt den Aufstieg um etwa 1 Std. Vom Parkplatz auf breitem Forstweg rechts am Eiberg vorbei, nach 20 Min. links in einen alten Ziehweg. Beim querenden Forstweg links weiter, bis von links der Anstiegsweg von Rottau einmündet (Forstweg). Hier rechts Richtung Steinlingalm (30 Min. ab Parkplatz).

Vom **Gasthof Messerschmied** in **Rottau (1)** gehen wir – Richtung Bernau – links ab und folgen der Ausschilderung »Mühlwinkel«. Nach 500 Metern treffen wir auf die letzten Häuser des Ortes; dort den rechten, gepflasterten Weg hinauf bis zum Parkplatz an der Adersberg-Straße, wo nach 100 Metern die breite Forststraße ins Rottauer Tal abzweigt (700 Meter oberhalb der Bundesstraße). Wir bleiben etwa eine Stunde auf dieser Forststraße und gehen dabei immer am Rottauer Bach entlang. Bei der **Rottauer Vorderalm (2)** zweigt dann rechts ein Steig ab, der uns direkt zur **Maureralm (3)** hinauf bringt. (Hier mündet auch der Weg vom Gasthaus Adersberg ein.) Bequemer geht es auf der Forststraße (siehe Variante auf der Karte). Bei den Almwiesen der Maureralm nun in Richtung Westen, dann in großem Linksbogen auf der Forststra-

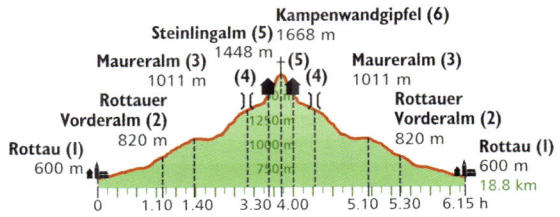

ße wieder bergwärts. Am Ende der Forststraße beginnt ein beschilderter Steig – vorbei am Marterl »Bei unserer lieben Frau« –, über den wir den **Roßboden (4)** zwischen Gedererwand und Sulten erreichen. Dann auf gutem Weg durch die freien Osthänge des Sulten hinauf zum Sultensattel und links weiter zur **Steinlingalm (5)** mit kleiner Kapelle. Von hier auf Steig direkt auf die Felsen zu und durch den latschenbewachsenen Gipfelhang das Kar querend hinauf bis kurz vor die Schlechinger Scharte. Hier links – Achtung, ein großer Felsblock ist zu überwinden – und durch die »Kaisersäle« zum Aufschwung des östlichsten Gipfels der **Kampenwand (6)**. Über den teilweise gesicherten Steig wird der Gipfel erreicht.

Abstieg zurück nach **Rottau (1)** auf dem Anstiegsweg.

Wanderung bergab mit freien Ausblicken

Die Kampenwand ist wohl nicht nur der markanteste Gipfel der Chiemgauer Alpen, sondern bei den Bergwanderern der beliebteste. Ihr Name leitet sich von ihrer Gipfelform ab, die dem Kamm eines Hahnes gleicht. Ein umfassender Panoramablick in die Zentralalpen sowie auf Chiemsee und Umgebung zieht Scharen von Ausflüglern an. Dies ist natürlich vorrangig der Kampenwandbahn geschuldet, die seit 1957 in Betrieb ist. Im Bereich der Bergstation gibt es einen schönen Promenadeweg unterhalb der schroffen Gipfelfelsen. Zahlreiche Hütten und Almen bieten teilweise das ganze Jahr über Einkehr an. Der Gipfel selbst ist nur Kletterern vorbehalten. Lediglich der Ostgipfel macht hier eine Ausnahme. Trittsicherheit und Schwindelfreiheit sind jedoch unbedingt erforderlich. Auf dem Ostgipfel steht das mit 12 Metern Höhe größte Gipfelkreuz in den gesamten Bayerischen Alpen. An besonderen Tagen wird es sogar beleuchtet, zeitgemäß mit einer Photovoltaikanlage.

Talort: Aschau im Chiemgau, 620 m.
Ausgangspunkt: Talstation der Kampenwandseilbahn, 620 m (Revisionszeiten im Nov. u. April; www.kampenwandbahn.de), am südl. Ortsrand von Aschau, gebührenpfl. Parkplatz oder bei der Festhalle. Chiemgaubahn bis Endstation Aschau; von dort weiter zu Fuß (30 Min.) oder Bus bis zur Talstation.
Anforderungen: Unschwierige Wanderwege (z. T. »Maximilians-Reitweg«).
Höhenunterschied: 880 Hm im Abstieg.
Einkehr: Möslarnalm, 1450 m (tägl. Mitte Mai bis Anf. Okt. bew.). Sonnenalm,

1467 m (nahezu ganzj. bew., 72 Betten und Lager; Tel. 08052/4411). Steinlingalm, 1473 m (nahezu ganzj. bew., Mo. Ruhetag, jedoch Getränkeausgabe). Schlechtenbergalm, 1260 m, und Gori-Alm, 1250 m (Mai bis Okt. bew.). Liftstüberl, 1170 m (priv., ganzj. bew., 30 Lager; Tel. 08052/9064429).
Tipp: Die Festung Hohenaschau, gleich in der Nähe der Talstation der Kampenwandbahn, ist die größte Höhenburganlage Bayerns aus dem 12./13. Jh., z. T. zugänglich; prunkvolle Schlosskapelle, dreigeschossiger Festsaalbau.

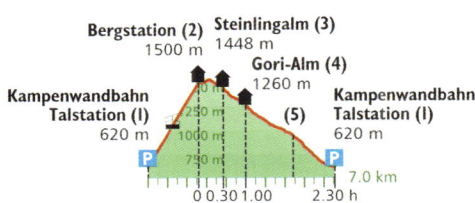

Die vielzackige Kampenwand ist unbestritten das Wahrzeichen der Chiemgauer Alpen.

Nach der Bergfahrt von der **Talstation (1)** der **Kampenwandbahn** hinauf zur **Bergstation (2)** führt unsere Wanderung zunächst linker Hand vorbei am Ausflugslokal **Sonnenalm** und in einem kurzen Anstieg hinauf bis zum Andachtskreuz. Weiter geht es mit herrlichem Blick ins Voralpenland und auf den Chiemsee unter den Felsen der Kampenwand entlang auf dem fast ebenen Panoramaweg hinüber zur **Steinlingalm (3)**. Dort beginnt der Abstieg ins Tal. Wir wandern zunächst auf der Almstraße, vorbei an der Abzweigung Richtung Gedererwand, hinab bis zum Almengebiet der Kampenwand mit Schlechtenbergalm und **Gorialm (4)**.

Ab hier bieten sich mehrere Möglichkeiten für den weiteren Abstieg. Wir bleiben auf der Forststraße, vorbei an den Almen (rechts befindet sich das bewirtschaftete Liftstüberl), und biegen dann im Wald, unterhalb der Schlechtenberger Kapelle, bei der zweiten **Abzweigung (5)** links in den Wanderweg Richtung Talstation ab (Mark.-Nr. 22). Der Beschilderung »Talstation« folgend wandern wir über steile Serpentinen talwärts. Nach etwa 20 Minuten treffen wir auf eine Forststraße. Dort rechts hinab zu den ersten Häusern von Hohenaschau, bis links der Weg zum Parkplatz der **Kampenwandbahn (1)** abzweigt.

Bergstation (2) 1500 m
Steinlingalm (3) 1448 m
Gori-Alm (4) 1260 m
Kampenwandbahn Talstation (I) 620 m
(5)
Kampenwandbahn Talstation (I) 620 m

1250 m
1000 m
750 m

7.0 km
0 0.30 1.00 2.30 h

Gratübergang mit großartigem Voralpenblick

Die Kampenwand wird in der Regel als Einzelberg gesehen, und so strömen auf dieses Wahrzeichen der Chiemgauer Alpen wahre Wanderermassen – überwiegend mit Seilbahnunterstützung – hinauf zu seinem höchsten Punkt. Ihr Nachbarberg, die Hochplatte, ist zum Greifen nah, ist aber wandertechnisch gesehen eine eigene Welt. Nahezu alle Anstiege dort hinauf starten aus dem Achental. Beide Gipfel sind jedoch durch einen Höhenweg verbunden, der für wandertechnisch Versierte keinerlei Probleme darstellt. Und wenn wir unsere Wanderung in Hintergschwendt beginnen, lässt sich daraus zwar eine lange, aber großartige Rundtour zusammenstellen (auch wenn sich der Rückweg über die Rottauer Almen etwas zieht). Mit der Steinlingalm haben wir eine zuverlässige Einkehr; sind wir jedoch im Frühjahr oder im Herbst unterwegs, sollten wir zur Sicherheit eine Brotzeit einpacken.

Talort: Bernau a. Chiemsee, 544 m.

Ausgangspunkt: Wanderparkplatz Aigen, 830 m, in Hintergschwendt. Anfahrt von der Landstraße zwischen Bernau und Aschau bei Außerkoy; dort zweigt ein Bergsträßchen ab, das über den Berggasthof Seiserhof und Vordergschwendt nach Hintergschwendt führt.

Anforderungen: Bis zur Steinlingalm Alm- und Wanderwege. Bergsteig auf der Kampenwand, hier Trittsicherheit und Schwindelfreiheit vorausgesetzt (kurz vor dem Gipfel eine ausgesetzte, seilgesicherte Stelle, am Gipfel eine Eisenbrücke). Der Abstieg auf die Südseite ebenfalls ausgesetzt und stellenweise gesichert. Der Übergang zur Hochplatte erfolgt auf schmalem, teilweise lehmigem Steig. Auf die Hochplatte führt ein leichter

Bergsteig, ebenso hinab zur Hinteren Rottauer Alm, weiterer Abstieg auf Almweg.

Höhenunterschied: 1240 Hm auf und ab.

Einkehr: Steinlingalm, 1450 m (Mai bis Anf. Nov. bew., Mo. Ruhetag). Piesenhauser Hochalm, 1320 m (Anf. Juni bis Anf. Okt. einfach bew.).

Variante: Der Kampenwand-Ostgipfel kann auf seiner Ostseite auf einem leichteren Steig umgangen werden, dafür müssen wir allerdings vom Gipfel wieder Richtung Steinlingalm absteigen. Kurz vor dem Ende des Latschenhangs zweigt rechts die »Via Alpina« ab, dort rechts. Wir wandern links um den Kampenwand-Gipfel herum, wobei wir den Kampenwandkamm links vom Gipfel auf einem Sattel überschreiten und auf der anderen Seite auf die Hauptroute treffen.

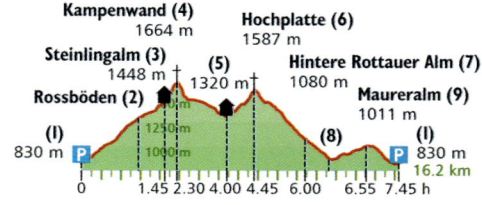

Vom **Wanderparkplatz Aigen (1)** in **Hintergschwendt** folgen wir dem bergwärts führenden Forstweg (Mark. 44) durch ein bewaldetes Hochtal. Wir verlassen dann den Forstweg nach links und nehmen den reizvolleren Ziehweg, der uns zur quer führenden Forststraße etwas oberhalb leitet. Links
weiter auf dieser, bei der nächsten Weggabelung rechts haltend weiter und
bis zum Ende des Forstwegs. Ein anschließender Ziehweg führt uns weiter
bergwärts. Unser Weg geht dann in einen Bergsteig über und vorbei am
Marterl »Zu unserer lieben Frau« steigen wir steil an zu einer Wegverzweigung. Dort halten wir uns links und weiterhin durch Wald wandern wir hinauf
auf steinigem Weg zum **Roßboden (2)**, 1300 m, einem Wiesenboden auf der
Südseite der Gedererwand. Dieser Vorgipfel der Kampenwand beeindruckt
durch steil abfallende Felsen, seine Besteigung ist vom Rossboden aus möglich, aber anspruchsvoll; das Gipfelkreuz ist nur über Kletterei erreichbar.
Nun rechts auf einem Steig leicht ansteigend durch die freie Ostflanke des
Sulten direkt auf die Kampenwand zu. Wir treffen auf eine Almstraße und folgen dieser nun links haltend zur bewirtschafteten **Steinlingalm (3)** hinauf.
Von hier halten wir direkt auf die Kampenwand zu, steigen durch den steilen
Wiesen-, dann Latschenhang hinauf, queren ein Kar und erreichen die ers-
ten Felsen. Kurz hinauf, dann links – ein Felsblock muss überwunden werden –

Die Eisenbrücke kurz vor dem Gipfelkreuz.

in die sogenannten **Kaisersäle** hinein. Durch diese Felsengasse steuern wir direkt auf den Gipfelaufschwung zu. Links um den Gipfelfelsen herum, wo uns ein Drahtseil über eine heikle Stelle hinweghilft. Dann in einem Rechtsbogen – zuletzt über eine Eisenbrücke – zum großen Gipfelkreuz der **Kampenwand (4)**.

Am Gipfel kurz zurück und rechts auf einem steilen, gesicherten Steig über die Südseite des Ostgipfels hinab (oder s. Variante). Dort stoßen wir auf einen quer führenden Steig (E 4 bzw. Maximiliansweg), dem wir nun in östlicher Richtung folgen. Bald mündet von links der von der Steinlingalm herauf führende Steig ein. Wir halten uns rechts und auf schmalem, bald auch wurzeligem Steig wandern wir hinab durch Wald. Wir übersteigen einen Weidezaun und wandern auf der Höhe bleibend bald am Waldrand entlang weiter. Nun entweder auf dem Grat oder mal auch seitlich davon durch Wald und über die Erhebungen des Hochalpenkopfes auf die Hochplatte zu. Schließlich verlassen wir das Waldgebiet und wandern auf nun breiterem Weg auf die **Piesenhauser Hochalm (5)** zu. Nach einer kurzen Einkehr geht es aussichtsreich im Auf und Ab weiter. Die Abzweigungen nach links oder rechts ignorieren wir. Links an der Hochplatte vorbei auf den Sattel östlich des Gipfels. Dort zweigen wir rechts auf einen Bergpfad ab, der uns durch zwei Waldgürtel, dann durch Latschen hinauf zum freien Gipfel der **Hochplatte (6)** leitet.

Die Rückkehr zum Ausgangspunkt gestaltet sich wie folgt: Wir gehen auf dem Anstiegsweg zurück bis zur Wegverzweigung unterhalb des Sattels; kurz dahinter zweigt rechts ein Bergpfad ab, der uns durch ein steiles Waldstück hinab zur Diensthütte der **Hinteren Rottauer Alm (7)** leitet. Dort starten zwei Wege talwärts. Wir nehmen nicht den breiten Almweg auf der rechten Seite, sondern den schmäleren linken, der uns weiterhin durch Wald durch das Rottauer Tal talwärts leitet. Ein paar Stadel passiert, treffen wir weiter unten auf eine quer führende **Forststraße (8)**. Dieser folgen wir links leicht ansteigend (Mark. 44) durch Wald, bis wir auf die Böden der **Weißenalm** und der **Maueralm (9)** stoßen. Über diese hinweg und eben weiter zur **Schmiedalm**; 250 Meter dahinter zweigt rechts ein Wirtschaftsweg ab, der uns durch ein bewaldetes Bachtal talwärts leitet. Wir stoßen auf die enge Schleife eines quer führenden Sträßchens, dort links zurück zum **Wanderparkplatz (1)**.

Großartige Runde über den Klausenberg bei Aschau

Die Klausen über dem Priental galt mal als Chiemgauer Institution für Bergwanderer. An aussichtsreicher Stelle, wie auf einer Sonnenterrasse, steht die gemütliche Hütte knapp unterhalb des Klausenberges – nur einen Steinwurf entfernt von der Tiroler Grenze. Doch seit Jahren warten ihre Freunde auf eine Chance, dort wieder einkehren zu dürfen – sie ist leider immer noch geschlossen, Ausgang ungewiss! Damit wir jedoch auf dieser schönen Bergwanderung nicht »auf dem Trocknen« bleiben müssen, setzen wir sie über den Predigtstuhl fort und gestalten sie zu einer Rundtour. Damit erhöht sich zwar die erforderliche Wanderzeit, doch die Überschreitung der leichten Gipfel und der Abstieg zu den Abergalmen vergrößert nur den Landschaftsgenuss, und der ist auf dieser Route ganz gewiss einmalig. Kurz bevor wir dann wieder ins Priental absteigen, stoßen wir auf eine reizvolle Einkehrmöglichkeit: die Hofalm.

Talort: Aschau im Chiemgau, 615 m.
Ausgangspunkt: Hohenaschau, 620 m; großer Parkplatz am Schloss, kleinere Abstellplätze am Bergfuß. Oder Chiemgaubahn bis Aschau und in 15 Min. zu Fuß zum Ausgangspunkt.
Anforderungen: Bis zur Klausen Ortssträßchen u. Wanderwege, mit steileren Passagen. Der Übergang zur Abergalm setzt Trittsicherheit voraus.
Höhenunterschied: 910 Hm im Auf- und Abstieg.
Einkehr: Hofalm, 970 m (priv., im Sommer bew., Do. Ruhetag). Frasdorfer Hütte, 950 m, etwas abseits der Route (priv.,

nahezu ganzj. bew., Mo. u. Di. Ruhetag, 62 Betten und Lager, Tel. 08052/5140, www.frasdorfer-huette.de). Gh. Zum Baumbach in Hohenaschau.
Variante: Vom Wanderparkplatz in Hainbach (4 km von Hohenaschau) wandern wir 200 m auf der Straße Richtung Sachrang, dann rechts in einen Forstweg. Der Wanderweg (Mark. 10) führt in Serpentinen steil hinauf. Einige Male die breite Forststraße überqueren, oberhalb der Angereralm den Wald verlassen, den Schoßbach überqueren und bis zu dem von Hohenaschau heraufführenden Weg, dem wir nach links bergwärts folgen.

Vom großen **Parkplatz** in **Hohenaschau (1)** gehen wir rechts in die Schlossbergstraße, folgen dieser 700 m bis zum Bergfuß und biegen dann bei der Wegverzweigung links ab, halten uns nach 300 m wieder rechts und folgen der Straße – vorbei an den letzten Häusern von Hammerbach – bis zu ihrem Ende. Oberhalb des Baches beginnt unser Wanderweg (links davon befindet sich der schöne Hammerbach-Wasserfall). Bei den verfallenden Gebäuden am Weg zur Klausen handelt es sich um das hier bis 1889 betriebene Hammerwerk. Gleich dahinter biegt der Weg rechts in Wald (Mark. 10/26), und das Schild »Klausenhütte« zeigt uns, dass wir auf dem richtigen Weg sind. Auf dem schönen Wanderweg – einige Serpentinen – hinauf bis zu ei-

Die Klausenhütte ist nur mehr ein stiller Brotzeitplatz, ohne Bewirtschaftung.

ner Weggabelung. Wir nehmen den linken Abzweiger und steigen sanft weiter durch Wald an, bis wir auf die idyllisch gelegene **Ellandalm (2)**, 989 m (1½ Std.) stoßen. Weiter nun auf gutem Weg über den sogenannten »Schinder« und durch Nadelwald hinauf zur frei gelegenen Baumgartenalm, deren Hütten wir aber nicht direkt berühren. Jenseits der Almwiesen durch den steileren Klausengraben auf Pfad hinauf zum Plateau der **Klausenhütte (3)**. Dort genießen wir die Aussicht nach beiden Seiten und im Schutz der leider geschlossenen Hütte lässt es sich gut Brotzeit machen.

Nach der Stärkung wenden wir uns nach rechts und wandern auf Bergpfaden hinauf zum Klausenberg, 1554 m (mit kleinem Gipfelkreuz), oder auch links daran vorbei und weiter zum **Predigtstuhl (4)**, 1494 m. Dort jenseits leicht hinab und scharf links (Mark. 218) – nun steil – hinab zu den Abergalmen. Wir folgen einem Wirtschaftsweg, passieren die Bergwachthütte und treffen auf einen quer führenden Wirtschaftsweg. Diesem folgen wir nun rechts (Mark. 218) ins Laubensteingebiet (zahlreiche noch unerschlossene Höhlen). Wir erreichen das **Laubensteingatterl (5)** und wandern jenseits leicht fallend hinab, wo wir auf den alten Zugangsweg zur Riesenhütte stoßen. Auf diesem rechts hinab, bis wir auf den breiten Hüttenfahrweg treffen.

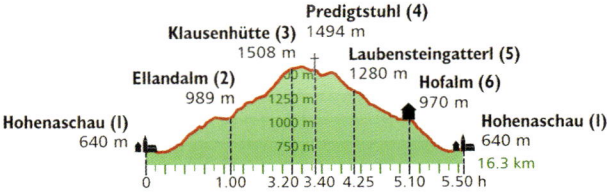

Diesem folgen wir ein Stück hinab und nehmen dann den Abkürzer zur **Hofalm (6)**, die auf einem Wiesenplateau liegt. Hier gönnen wir uns eine verdiente Einkehr, bevor wir rechts auf dem schönen Wanderweg durch Wald in Serpentinen hinab nach **Hohenaschau (1)** wandern, um zu unserem Ausgangspunkt zurückzukehren.

Hinauf ins »Paradies«

Die Riesenhütte leitet ihren Namen von der gleichnamigen Alm ab, auf deren weiten Bergwiesen sie im Jahre 1913 errichtet wurde. Sie ist eine ideale Familienhütte mit vielen Möglichkeiten zum Spielen rund um die Hütte. Ganz in der Nähe befinden sich einige Karsthöhlen, für deren Begehung aber Erfahrung und Ausrüstung nötig sind. Die Riesenhütte ist auch Stützpunkt am »Maximiliansweg«, der vom Bodensee bis nach Berchtesgaden führt. Damit wir bei unserem Anstieg den Blick auf die Feste Hohenaschau genießen können, beginnen und beenden wir unsere Wanderung in Hohenaschau.

Talort: Aschau im Chiemgau, 620 m.

Ausgangspunkt: Westl. Ortsrand von Hohenaschau; beim »Schloßbräukeller« rechts in die Schloßbergstraße abbiegen, nach 700 m rechts und nach 100 m wieder links. Parken beim »Schloßbräukeller« oder beim Schloss. Oder Chiemgaubahn bis Aschau, von dort in die Schützenstraße, dann links in die Zellerhornstraße nach Hohenaschau, das wir bereits auf der Bergseite erreichen; 30 Min.

Anforderungen: Wanderwege und Fahrwege zur Riesenhütte; Umrundung des Spielbergs auf Bergsteig.

Höhenunterschied: 730 Hm im Auf- und Abstieg.

Einkehr: Hofalm, 970 m (im Sommer einf. bew.), Riesenhütte, 1346 m (AV-Hütte, zur Zeit wegen Umbau geschlossen, 14 Betten, 26 Lager, Tel. 08052/2921). Gh. Zum Baumbach in Hohenaschau.

Variante: Ein guter Ausgangspunkt für diese Wanderung ist auch der Wanderparkplatz (gebührenpfl.) oberhalb von Frasdorf: Von der Ortsmitte direkt nach Süden auf der Straße, nun rechts (»Riesenhütte«) 200 m weiter, dann Straßenquerung. Nach insgesamt 1,5 km Ende der öffentlichen Straße. Von dort auf breitem Forstweg (Weg-Nr. 216) zur Frasdorfer Hütte (priv., nahezu ganzj. bew., Mo. u. Di. Ruhetag, 62 Betten u. Lager; Tel. 08052/5140).

Tipp: Eine Besichtigung von Schloss Hohenaschau und für Spezialisten ein Abstecher ins Laubensteingebiet (Höhlen).

Die Riesenhütte.

Vom **Parkplatz** am Schloss in **Hohenaschau (1)** wandern wir auf dem Orts-sträßchen direkt auf den Berg zu, gehen über die Brücke und halten uns dann rechts, nach 200 m links. An den letzen Häusern des Ortes vorbei und über die kleine Brücke bis zum Ende der Fahrstraße (Wildgatter). Dort beginnt ein schöner, zunächst breiter Weg (Mark. 217), der uns durch Wald bergan führt. Bei den folgenden Abzweigungen halten wir uns links. Über mehrere weite Serpentinen wandern wir hinauf zur **Hofalm (2)**, 970 m.

Von dort gehen wir in südwestlicher Richtung weiter (rechts unterhalb liegt die Frasdorfer Hütte), bis wir auf den Hüttenfahrweg stoßen. Ein kurzes Stück auf ihm, dann auf dem alten Wanderweg höher, ein Stück durch Fichtenwald bis zu einer Weggabelung. Wir gehen links in Richtung Kohlgrub weiter zum Laubensteingatterl, einem kleinen **Sattel (3)**. Jenseits hinab in den sogenannten »Eiskeller«. An der verfallenen Grubalm vorbei und eben durch das reizvolle Hochtal. Bei den folgenden zwei Abzweigungen halten wir uns rechts und umrunden dabei zur Hälfte den Spielberg, bis wir auf die Hochebene gelangen, auf der sich die Riesenalmen und die **Riesenhütte (4)** befinden. Wir wandern Richtung Nordosten über freies Gelände und durch Wald hinab ins sogenannte »Paradies«, wo wir wieder auf unseren Anstiegsweg treffen. Auf ihm zurück zur **Hofalm (2)** und rechts hinab nach **Hohenaschau (1)**.

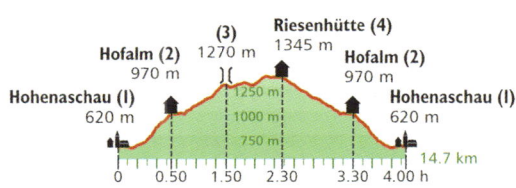

135

Die andere Seite des berühmten Aussichtsberges

Bisher waren die Anstiege aus dem Priental auf den Geigelstein mit dem Hauch der Anstrengung verbunden, musste man doch den ganzen Weg von Sachrang unter die Füße nehmen, während auf seiner Ostseite die Geigelsteinbahn dem Wanderer die ersten 500 Höhenmeter auf bequeme Weise abnahm. Der Betrieb der Geigelsteinbahn wurde eingestellt, und so spielen beide Seiten nun mit den selben Karten. Der Vorteil der hier beschriebenen Route besteht darin, dass sich auf der Westeite die ganzjährig bewirtschaftete Priener Hütte befindet. Beide Routen zeichnen sich jedoch durch landschaftliche Schönheit und eine großartige Aussicht aus. Immerhin ist der Geigelstein der zweithöchste Gipfel der gesamten Chiemgauer Alpen. Die Aussicht reicht bis zum Wilden Kaiser, zu den Hohen Tauern, den Berchtesgadener Alpen, den Loferer Steinbergen, dem Karwendel und den Stubaier Alpen. Doch der Geigelstein ist nicht nur ein überragender Aussichtsberg, sondern auch ein überaus interessanter Blumenberg.

Talort: Huben, 718 m; kleine Siedlung 2 km nordöstlich von Sachrang an der Straße nach Aschau.

Ausgangspunkt: Waldparkplatz bei der Brücke über die Prien. Bushaltestelle.

Anforderungen: Bequeme Fahrwege und leichte Steige.

Höhenunterschied: 1090 Hm im Auf- und Abstieg.

Einkehr: Priener Hütte, 1410 m (AV-Hütte, ganzj. bew., 43 Betten und 54 Lager; Tel. 08057/428, www.dav-priener-huette.de), Talalm, 1000 m (im Sommer bew.). Gh. Geigelstein in Huben.

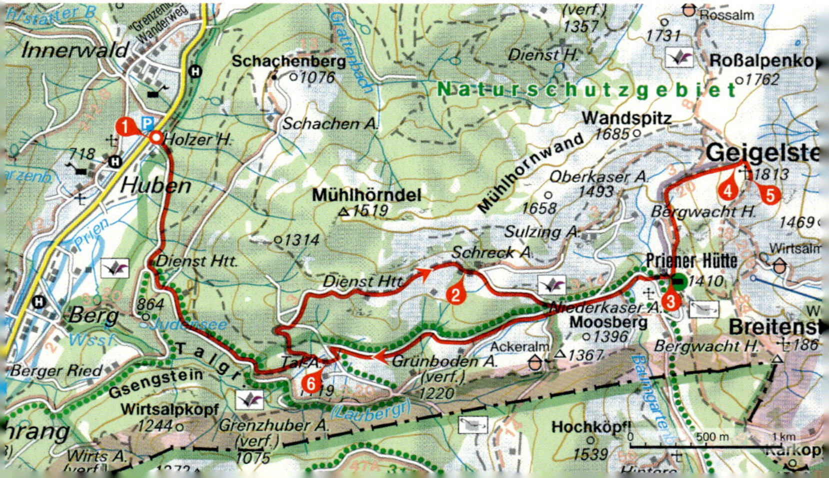

Auf der Priener Hütte kann man ganzjährig einkehren und übernachten.

Vom Waldparkplatz bei **Huben (1)** steigen wir auf einem schönen, breiten Weg etwa 15 Minuten bergan bis zu einer Diensthütte, wo wir auf die von Sachrang herauf kommende Fahrstraße treffen. Auf dieser kurz bergwärts, also links, bis ein Steig wiederum links von dieser abzweigt (Wegweiser Geigelstein«, rot-weiß, Mark. 200). Wir folgen diesem Steig nun durch Wald und über Wiesen zur **Schreckalm (2)**. Der Markierung folgend weiter zur Sulzigalm, dann nach rechts auf den Fahrweg abbiegend und gemütlich bis zur **Priener Hütte (3)**, 1410 m.

Von der Alpenvereinshütte steigen wir links haltend in Richtung Mitterkaser an, halten uns aber bald rechts und verfolgen den Weg durch die Mulde ziemlich direkt hinauf zum **Sattel (4)** zwischen Roßalpenkopf und Geigelstein. Über einen steilen Steig rechts aufwärts durch Latschen hinauf zum Gipfelkreuz des **Geigelsteins (5)**. Direkt daneben befindet sich auch eine kleine Kapelle.

Für den Abstieg wählen wir ab der **Priener Hütte (3)** den kürzeren Weg über die Fahrstraße bis zur **Talalm (6)**, schwenken dann auf den Anstiegsweg (Mark. 200) ein und wandern dann wieder hinab zum Waldparkplatz bei **Huben (1)**.

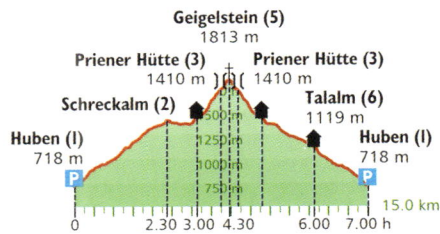

137

Auf den höchsten Gipfel der westlichen Chiemgauer

Der Spitzstein macht seinem Namen alle Ehre, jedoch nur, wenn wir ihn von Norden aus betrachten. Aus den anderen Himmelsrichtungen sieht er gemütlicher aus. Als südwestlicher Ausläufer der Chiemgauer Alpen bietet er einen schönen Gipfelblick hinein nach Tirol, auf das Kaisergebirge und in die Zentralalpen. Und falls wir von hier den Sonnenuntergang erleben wollen, kein Problem, nur wenig unterhalb befindet sich das Spitzsteinhaus. In diesem relativ neuen Alpenvereinshaus, das alte wurde durch einen Brand zerstört, können wir sogar übernachten.

Talort: Sachrang, 738 m; Ferienort im hintersten Priental

Ausgangspunkt: Kirche von Sachrang; Anfahrt über Aschau (10 km). Parkmöglichkeiten im Ort bzw. großer Wanderparkplatz kurz vor Sachrang auf der linken Seite (von Aschau kommend).

Anforderungen: Wanderwege mit feuchten und verwachsenen Passagen; Gipfelanstieg steil, aber problemlos.

Höhenunterschied: 860 Hm im Auf- und Abstieg.

Einkehr: Spitzsteinhaus, 1252 m (AV-Hütte, ganzj. bew., 20 Betten und 50 Lager, Tel. 0043/5373/8330, www.spitzsteinhaus.info). Altkaseralm, 1279 m, oberhalb des Spitzsteinhauses (ganzj. bew., Mo. Ruhetag). Gh. in Huben, Innerwald und Sachrang.

Variante: Der Anstieg von Innerwald über die Brandelbergalm und zurück verläuft meist auf Ziehwegen und z. T. schmalen Pfaden (rot markiert). Der frühere direkte (Ostgrat-)Gipfelanstieg dieser Route ist jedoch gesperrt (Felssturz, Umweg über das Spitzsteinhaus nötig).

Das Spitzsteinhaus und seine Alm-Trabanten am Gipfelfuß.

Von der Kirche in **Sachrang (1)** folgen wir der Straße Richtung Mitterleiten (Weg Nr. 6), bis nach etwa 700 m bei einem Viehrost unser Anstiegsweg rechts abzweigt. Nun in einer Rechtskehre hinauf und in den Wald (rauer Fahrweg). Bei der nächsten Wegverzweigung halten wir uns rechts und durch schattigen Wald hinauf zur **Mesneralm (2)**, 1097 m. Oberhalb der Alm dann durch aufgeforstetes Almgelände weiter und über den flachen Mesner-Boden in Richtung Westen bis zu einem Sattel westlich der Aueralm. Von dort erreichen wir auf einem Almfahrweg bald das **Spitzsteinhaus (3)**, 1252 m. Vom Alpenvereinshaus nehmen wir den steil ansteigenden Steig (Mark. 10, rot), der in nördlicher Richtung zuerst über eine waldfreie Bergflanke, sodann durch Wald über rauheres Gelände hinauf zum Gipfel des **Spitzsteins (4)** führt, den eine Kapelle und ein Kreuz schmückt.

Auf dem Anstiegsweg wieder hinab zum **Spitzsteinhaus (3)**, dann wandern wir talwärts und nehmen knapp unterhalb den Weg, der nach links in die Almwiesen abzweigt. Zunächst durch dieses Almgebiet, dann links am Waldrand entlang hinunter, bis wir wieder auf freie Wiesen stoßen und bald den Weiler **Mitterleiten (5)** errei- chen. Etwa 100 Meter der Fahrstraße Richtung Sach- rang entlang. Dann rechts und auf Wanderweg durch Wiesen und Wald hinunter in das Bachtal der Prien und links weiter zum Ortsrand; dort links in die Kirchstraße und zur Ortsmitte von **Sachrang (1)**.

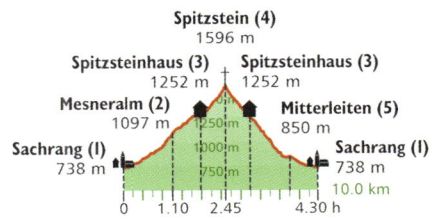

Ein Gipfel für alle Tage – Bergwanderung abwärts

Auf den beliebten Hochries-Gipfel, dem Hausberg der Rosenheimer, führt neben der Seilbahn eine Vielzahl von Wanderwegen. Für viele Bergwanderer beginnt die Wanderung jedoch bei der Bergstation bzw. beim Hochrieshaus, das direkt auf dem Gipfel steht und – was viele freut – nahezu das ganze Jahr über bewirtschaftet ist. Von hier kann man Wanderungen zur Klausen, zum Spitzstein und zur Riesenhütte starten. Die meisten Wanderer bevorzugen jedoch die direkte Route hinab ins Tal. Bevor wir starten, genießen wir den herrlichen Blick auf das Alpenvorland, auf den Chiemsee und auf das Inntal. Und natürlich betrachten wir fasziniert die waghalsigen Starts und Schleifen der Drachen- und der Gleitschirmflieger, die sich hier oben wegen der günstigen Aufwinde gern ein Stelldichein geben.

Talort: Grainbach, 684 m, Gde. Samerberg.

Ausgangspunkt: Talstation der Hochriesbahn, 714 m (2 Sektionen: I = Sessellift bis Mittelstation, 922 m; II = Kabinenbahn bis Gipfelstation, 1548 m; nicht in Betrieb von Anf. Nov. bis Weih.), Parkplatz. Anfahrt über die Autobahnausfahrt Achenmühle bzw. Frasdorf.

Anforderungen: Wanderwege, z. T. Bergsteige.

Höhenunterschied: 860 Hm im Abstieg.

Einkehr: Bei der Tal-, Mittel- und Bergstation der Hochriesbahn; Hochrieshütte, 1568 m (AV-Hütte, ganzj. bew., 15 Betten und 25 Lager; Tel. 08032/8210, www. hochrieshuette.de). Bierstüberl Moserboden, 930 m (nahezu ganzj. bei schönem Wetter geöffnet, Mi. Ruhetag). Gh. in Grainbach.

Variante 1: Vom Hochrieshaus über den Kamm Richtung Riesenhütte bergab bis zu einem Sattel, dann links auf dem steilen Steig (Mark. 11, rot). Ab Ebersberger Alm weiter auf direktem Steig hinab zur Mittelstation oder bequemer wie unten beschrieben.

Variante 2: Von der Wimmeralm zur bew. Spatenaualm, 1000 m, dann auf Wanderweg hinab zum Grainbacher Rieder und zur Talstation.

Im Herbst kann es am Hochrieshaus schon früh Schnee geben.

Von der **Talstation (1)** der Hochriesbahn über zwei Sektionen zur **Bergstation (2)**. Von dort in wenigen Minuten über Bergsteig hinauf zur **Hochrieshütte (3)**. Von dort folgen wir dem ungefährlichen, aussichtsreichen Steig, der die Hochries mit dem Karkopf verbindet, Richtung Westen. Nach etwa 15 Minuten zweigt kurz vor dem Karkopf ein Steig rechts ab. Wir verlassen den Grat und steigen über die freien Hänge in steilen Serpentinen hinab zu den drei Hütten der **Seitenalmen (4)**, die an diesem steil abfallenden Hang ihre Plätzchen gefunden haben. Weiter geht es auf dem ausgetretenen Weg steil hinab zur **Wimmeralm (5)**, 1131 m. Vor der Alm halten wir uns rechts und steigen hinunter in einen steilen Graben; später folgen wir Weg Nr. 10 links und gehen durch schönen Laubwald hinab zum **Moserboden (6)**, wo wir einkehren können. Auf bequemer, befestigter Wirtschaftsstraße wandern wir weiter durch Wald und Wiesen – nunmehr leicht fallend – und über die Ebenwaldalm zur Bergbahn-Mittelstation. Von dort folgen wir dem Fahrweg zunächst über ein paar Kehren, dann geradeaus hinab zum Ausgangspunkt an der **Talstation (1)**.

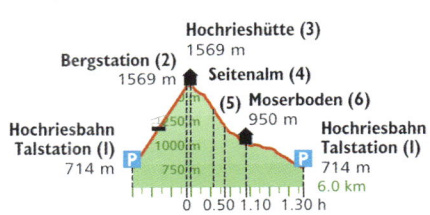

141

Almenwanderung auf einen vielgipfeligen Talwächter

Der mehrgipfelige Heuberg ist ein Paradeberg in den westlichen Chiemgauer Alpen. Das zerklüftete Gipfelmassiv weist vier markante, meist felsige Erhebungen auf, die sich aus dichtem Wald erheben: die Kindelwand, die Wasserwand, der Heuberg und der Kitzstein, um die wichtigsten zu nennen. Besonders aus dem Inntal zeigt dieser Gipfel seinen schroffen Charakter, auf seiner Ostseite dominiert hingegen Almlandschaft. Von den fünf Hütten der Daffnerwaldalm sind zwei auch für Wanderer bewirtschaftet. Doch auch der Tiefblick auf das Inntal und der Fernblick auf das Alpenvorland erhöhen seine Attraktivität. Von allen Seiten führen Wanderwege zu seinem Hauptgipfel. Wir verbinden verschiedene Wege zu einer großartigen Tour und umrunden auf diese Weise den Heuberg mit seinen Gipfeln.

Talort: Grainbach, 684 m.

Ausgangspunkt: Waldparkplatz Gammern (860 m, im Gammernwald zwischen Hochries und Heuberg. Anfahrt von der Autobahnausfahrt Achenmühle bzw. Frasdorf über Grainbach und das Gh. Duftbräu auf zum Teil gut ausgebauter Straße (5,5 km).

Anforderungen: Steile, aber leichte Bergwanderung, ausgeschildert bzw. markiert. Abstieg zur Bichleralm erfordert Trittsicherheit.

Höhenunterschied: 820 Hm im Auf- und Abstieg.

Einkehr: Auf der Daffnerwaldalm die Laglerhütte, 1050 m (priv., Mitte Mai bis Mitte Okt., Mo. Ruhetag; im Winter Sa./So. bew., 25 Lager; Tel. 08032/8737), und die Deindlalm, 1050 m (Mai bis Okt. bew.; Ende Okt. bis Ende Mai an schönen Wochenenden, Feiertage u. Ferien offen). Gh. Duftbräu an der Anfahrtsstraße.

Variante 1: Da bei der gesamten Tour einige Höhenmeter zu bewältigen sind, bietet sich alternativ eine Kurztour an. Vom Waldparkplatz Gammern hinauf zu den Daffnerwaldalmen und bis zum Heuberg. Zurück auf dem Anstiegsweg (leicht, insg. 3 Std., 540 Hm auf und ab).

Variante 2: Vom Gipfelkreuz des Heubergs ausgehend zu mehreren, schnell erreichbaren Gipfeln, z. B. Wasserwand (kurzer Klettersteig) oder Kitzstein.

Die Wasserwand am Heuberg.

Vom **Waldparkplatz Gammern (1)** folgen wir dem rechten Abzweiger der Almstraße (Ausschilderung) und wandern eben in Richtung Südwesten. Bald zweigt ein Waldweg rechts ab, der uns zu-

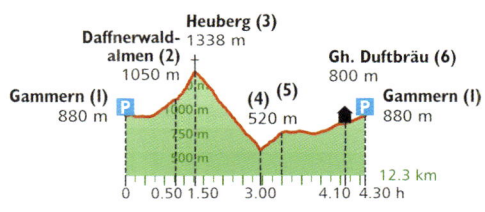

erst ziemlich flach, dann allmählich ansteigend durch Wald und über Bergwiesen hinauf zu den bewirtschafteten **Daffnerwaldalmen (2)**, 1050 m, bringt. Auf dem weiten Gelände der Alm weiden im Sommer die Kühe und das Jungvieh. Rechts von der Laglerhütte folgen wir dem Pfad (Mark. 1), der sich oberhalb der Almen ziemlich steil durch den Osthang des Heubergs zieht und den Sattel zwischen den auffälligen Gipfeln der Wasserwand und des Kitzsteins ansteuert. Weiter oben geht es dann durch lichten Baumbestand vorbei an den Felsen der Wasserwand und links haltend hinauf zum pyramidenförmigen Grasgipfel des **Heubergs (3)**, wo uns ein großes Gipfelkreuz erwartet. Vom Heuberg steigen wir zuerst in westlicher, dann in nördlicher Richtung (Mark. 2) auf Pfadspur über den Gipfelrücken hinab, dann links hinunter auf steilem Steig zur aussichtsreich gelegenen Bichleralm. Von ihr leitet ein gut begehbarer Steig weiterhin durch Wald hinunter zur Fahrstraße; dort halten wir uns rechts (also in nordöstlicher Richtung) und erreichen auf einem ehemaligen **Römerweg (4)** bald **Kirchwald (5)** mit der Einsiedlerkirche Mariae Heimsuchung. Von dort wandern wir ein Stück des Weges auf dem alten Wallfahrtsweg, der uns, vorbei am Weiler Gritschen, durch hügeliges Gelände hinauf zum **Gasthaus Duftbräu (6)** bringt. Dort gehen wir hoch zur Kapelle und folgen dem markierten Wanderweg hinab zum Bruchfeld; dort folgen wir rechts der Fahrstraße, die uns zurück zum **Waldparkplatz Gammern (1)** leitet.

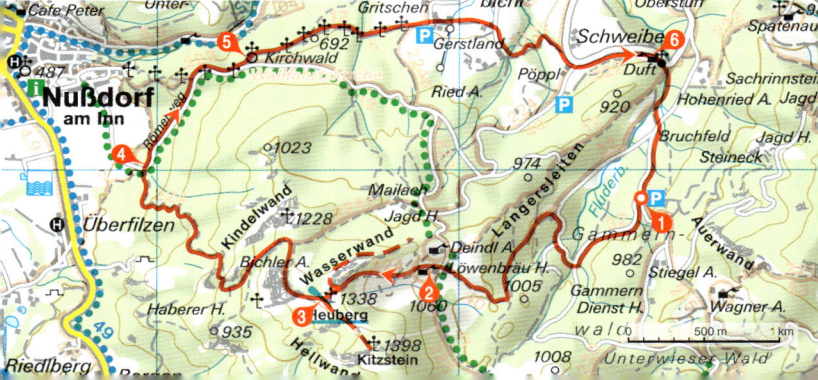

Eine bewirtschaftete Alm und ein Grenzgipfel

Das Kranzhorn ist ein schöner Bergkegel und ragt direkt über dem Inntal auf. Dementsprechend reizvoll ist auch die Aussicht. Über dem steil abbrechenden Gipfel verläuft die bayerisch-tirolerische Grenze, daher schmücken zwei Gipfelkreuze seinen höchsten Punkt. Schon seit dem 17. Jahrhundert wird auf der Ostseite des Berges Almwirtschaft betrieben; die kleine Almkapelle legt davon Zeugnis ab. Für den Wanderer interessanter ist aber die Kranzhornalm, die knapp unterhalb des Gipfels alles bietet, was das Herz begehrt: eine windgeschützte Terrasse zum Sitzen und eine gute Brotzeit.

Talort: Nußdorf am Inn, 487 m.
Ausgangspunkt: Wanderparkplatz bei Windshausen, 500 m, von Nußdorf kommend kurz nach dem Ortsschild links in die Sackstraße und dieser 500 m bis zum Ende folgen.
Anforderungen: Leichte Bergwanderung auf überwiegend schattigem und gut ausgeschildertem Wirtschaftsweg. Stufen und Steig am Gipfel, dort ist we-

gen der Steilabbrüche Vorsicht geboten.
Höhenunterschied: 890 Hm im Auf- und Abstieg.
Einkehr: Kranzhornalm, 1220 m (1. Mai bis Ende Okt. durchgehend bew., evtl. auch im Nov., 20 Lager, nur nach Voranmeldung; Tel. 0043/5373/8137, www.kranzhorn.at).
Tipp: Ruine Katzenstein an der Grenze zu Tirol, Wehrturm und Waffenlager der umliegenden Bauern.

Vom Parkplatz bei **Windshausen (1)** wandern wir zunächst auf einem Wirtschaftsweg durch Wald in Kehren bergwärts, dann in einer langen Geraden in östlicher Richtung weiter, bis nach etwa einer halben Stunde rechts ein alter **Ziehweg (2)** abzweigt (700 m, Wegweiser »Kranzhorn«). Diesem folgen wir steil bergwärts und treffen bald auf einen weiteren Fahrweg. Auf diesem wenige Gehminuten rechts weiter bis zu einer Verzweigung. Dort halten wir

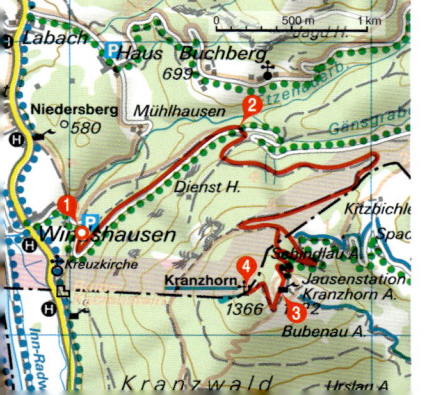

uns links. Der Anstieg ist nun weniger steil und führt – vorbei an einem Marterl – durch schönen, schattigen Hochwald höher. Nach guten eineinhalb Stunden Gehzeit haben wir das Almgebiet beinahe erreicht. Der Weg schwenkt nun rechts und führt durch die steile Westseite des Berges, begleitet von schönen Ausblicken. An einer Wegverzweigung halten wir uns links (rechts geht es hinab nach Erl) und erreichen einen kleinen Sattel. Dort zweigt ein ausgeschilderter Abkürzer ab, dem wir

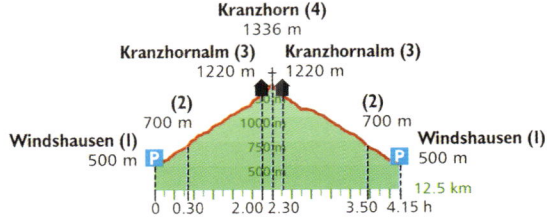

Die beiden Gipfelkreuze auf dem Kranzberg – das bayerische und tirolerische.

nun folgen (wir können jedoch auch dem Fahrweg folgen, der einfacher zu begehen, dafür aber länger ist). Bald ist das Gatter zur **Kranzhornalm (3)** erreicht, die Alm erblicken wir jedoch erst im letzten Augenblick, da sie in einer Senke versteckt liegt. Der Anstieg zum Gipfel ist gut beschildert und beginnt direkt bei der Alm. In weiten, gut gestuften Serpentinen wandern wir durch die Bergwiesen hinauf. Den Gipfel selbst umrahmt noch ein lichter Bergwald. Die letzten Meter sind drahtseilversichert, da es vom höchsten Punkt rasant wieder abwärts geht, doch bald ist das **Kranzhorn (4)** mit seinen beiden Gipfelkreuzen erreicht und bietet uns eine phantastische Aussicht.

Auf dem Anstiegsweg steigen wir wieder hinab, machen vielleicht noch einen kleinen Schlenker zur Almkapelle, bevor wir zur Kranzhornalm zurückkehren. Der Abstieg erfolgt auf dem Anstiegsweg, wobei wir jedoch dieses Mal dem Fahrweg abwärts folgen und bei der dritten Kurve links zum Abstiegsweg nach **Windshausen (1)** abzweigen (rechts führt der Almweg weiter hinab zur Spadaualm).

Aussichtskanzel über dem Inntal

Das Kranzhorn weist zwar nur eine bescheidene Höhe auf, hebt sich aber weithin sichtbar über dem Inntal von den anderen Bergen ab und kann mit einem phantastischen Tiefblick auf das Inntal, einem prächtigen Panorama der umliegenden Berge sowie auf den Zahmen und Wilden Kaiser aufwarten. Bei guter Sicht erweitert sich der Blick sogar bis in die Zentralalpen. Und es bietet eine Kuriosität: auf seinem Gipfel wurden zwei Kreuze errichtet – ein österreichisches und ein bayerisches. So hat man die Grenze zwischen beiden Ländern, die direkt über den Gipfel verläuft, deutlich markiert. Die Einkehr in der Kranzhornalm sollten wir uns nicht entgehen lassen.

Talort: Erl, 475 m.

Ausgangspunkt: Wanderparkplatz im Trockenbachtal; in Erl hinter der Pfarrkirche links (Schild »Erlerberg«) in einigen Kehren hinauf ins Trockenbachtal; bei der ersten Wegverzweigung nach 6 km links (rechts geht es zum Spitzsteinhaus) bis zum Parkplatz.

Anforderungen: Markierter Wanderweg; gut für Familien mit Kindern geeignet. Auf dem Gipfel ist etwas Vorsicht angebracht, da Steilabbrüche.

Höhenunterschied: 490 Hm im Auf- und Abstieg.

Einkehr: Kranzhornalm, 1122 m (priv., bew. 1. Mai bis Ende Okt., 20 Lager, nur nach Voranmeldung; Tel. 0043/5373/8137, www.kranzhorn.at). Gh. in Erl.

Tipp: Vom Parkplatz in Nähe des Passionsspielhauses in Erl auf markiertem Weg in einer halben Stunde zum Trockenbach-Wasserfall – 50 m tief fällt hier das Wasser hinab, beeindruckend bes. im Frühjahr und nach Regenfällen.

Vom **Wanderparkplatz** im **Trockenbachtal (1)** folgen wir zunächst dem gesperrten Fahrweg (WW »Kranzhorn«) in nordöstlicher Richtung durch den bewaldeten Geißgraben hinauf zu den Bergwiesen der Ottenalm und der

Spadaualm (2). Nach den letzten Hütten führt ein linker Abzweig (Wegweiser »Kranzhorn«) in steilen Serpentinen durch Wald und über Wiesen zur Schindlaualm hinauf. Rechts an dieser vorbei und auf den Waldrand zu. Dort zweigt links ein Abkürzungsweg ab, der uns einige Meter auf der Almstraße erspart und durch Wald steil hinauf zur bewirtschafteten **Kranzhornalm (3)**,

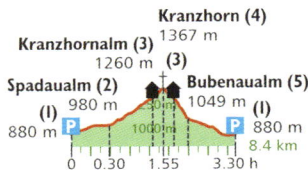

1260 m, führt. Von dort benötigen wir nur mehr eine halbe Stunde, um den Tiefblick auf das Inntal genießen zu können. Auf markiertem, teilweise gestuftem Pfad geht es über die steilen Almwiesen zuerst in südwestlicher, dann in nordwestlicher Richtung hinauf zu den Gipfelfelsen; der Übergang zum eigentlichen Gipfel des **Kranzhorns (4)** mit den beiden Gipfelkreuzen erfordert aber Trittsicherheit und Schwindelfreiheit. Knapp unterhalb des Gipfels befindet sich eine kleine Almkapelle.

Die Rückkehr könnte auf dem Anstiegsweg erfolgen, wir variieren unsere Route jedoch, indem wir von der **Kranzhornalm (3)** den direkten Abstieg über die Bubenaualm vorziehen. Wir wandern am Weiher bei der Kranzhornalm vorbei und folgen dem Schild »Parkplatz«. Auf schmalen Pfaden durch Wald, dann über Bergwiesen zur reizvollen **Bubenaualm (5)**. Unser Wanderweg stößt unterhalb dieser Alm auf einen quer führenden Almfahrweg, der uns links haltend zu einer Wegkreuzung und dort erneut links zurück zum Wanderparkplatz im **Trockenbachtal (1)** bringt.

Am Kranzhorn heißt es aufpassen – die letzten Meter sind etwas ausgesetzt.

Über die Berge von Laubau nach Reit im Winkl

Die Winklmoosalm und Eggenalm sind ausgedehnte Almgebiete an der Tiroler Grenze. Auf dieser Streckenwanderung werden wir dortige Wandermöglichkeiten miteinander verknüpfen und dabei einige aussichtsreiche Gipfel »mitnehmen«. Zum Auftakt unserer Tour über drei Etappen statten wir jedoch dem Holzknechtmuseum in Laubau einen Besuch ab, denn die dichten Wälder oberhalb waren Jahrhunderte lang wichtige Arbeitsgebiete der Holzfäller. Auf der Tour kommen wir an Wasserfällen und Hochmooren vorbei; es ist aber vor allem der Kontrast zwischen stillen Bergtälern und Berghöhen einerseits und der intensiv betriebenen Almwirtschaft andererseits, der für landschaftliche Abwechslung sorgt. Besonders schön ist diese Wanderung, wenn sie im Frühsommer unternommen wird, dann blühen nicht nur zahllose Blumen, sondern auch die dichten Bestände der Alpenrosen im Bereich Eggenalm. Gipfelabstecher auf das Dürnbachhorn oder das Fellhorn ermöglichen uns großartige Weitblicke in die benachbarten Bergregionen und Tiefblicke ins abwechslungsreiche Alpenvorland. An Übernachtungsmöglichkeiten fehlt es bei dieser Runde nicht, je nach Geschmack stehen Alpenvereinshütten oder Berggasthöfe am Weg zur Verfügung.

Talort: Ruhpolding, 655 m.
Ausgangspunkt: Laubau, 705 m, 4 km südlich von Ruhpolding Ri. Reit im Winkl, großer Wanderparkplatz beim Holzknechtmuseum (ausgeschildert). Oder mit Zug nach Ruhpolding und von dort Oberbayernbus zur Haltestelle Laubau, 2 Min. Fußweg zum Wanderparkplatz.
Endpunkt: Reit im Winkl, 696 m. Rückkehr nach Laubau mit dem Oberbayernbus (Haltestelle an der B 305 bzw. in der Ortsmitte); oder über Marquartstein zu den Bahnhöfen Übersee oder Prien; dort Anschluss an die Fernbahn.
Höhenunterschiede: 960 Hm im Aufstieg, 1010 Hm im Abstieg.
Anforderungen: Im Bereich des Staubfalls und durch die Südseite des Eggenalmkogels (mit seilgesicherter Passage) Trittsicherheit und Schwindelfreiheit nötig; diese Wegstellen stellen jedoch für den geübten Wanderer kein Problem dar.

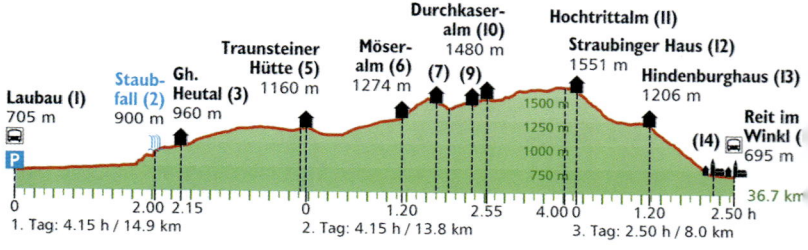

Laubau (I) 705 m — Staubfall (2) 900 m — Gh. Heutal (3) 960 m — Traunsteiner Hütte (5) 1160 m — Möseralm (6) 1274 m — Durchkaseralm (10) 1480 m — (7) (9) — Hochtrittalm (II) — Straubinger Haus (I2) 1551 m — Hindenburghaus (I3) 1206 m — (I4) Reit im Winkl (695 m

1500 m
1250 m
1000 m
750 m

0   2.00 2.15   0   1.20   2.55   4.00 0   1.20   2.50 h
36.7 km

1. Tag: 4.15 h / 14.9 km   2. Tag: 4.15 h / 13.8 km   3. Tag: 2.50 h / 8.0 km

Einkehr und Übernachtung: (in der Reihenfolge der Tour) Alpengh. Heutal, 960 m; Traunsteiner Hütte, 1160 m (AV-Hütte, Kat. II, ganzj. bew. außer im Nov., 4 Betten, 25 Lager, Tel. 08640/8140, www.traunsteinerhuette.de); Möseralm, 1440 m (priv., ganzj. bew.); Stallenalm, 1430 m (nahezu ganzj. bew.); Brennhütte, 1413 m (priv., Mai bis Spätherbst bew.); Ambachhütte/Durchkaseralm, 1480 m (in der Weidesaison Brotzeit); Straubinger Haus, 1551 m (AV-Hütte, Kat. II, von Anf. Mai bis Anf. Nov. bew., 16 Betten, 60 Lager, Tel. 0043/5375/6429, www.straubingerhaus.de); Hindenburghaus, 1206 m (priv., ganzj. bew., keine Übernachtung).

Gipfelabstecher: **Dürrnbachhorn**, 1776 m, leichter mark. Wanderweg von der Traunsteiner Hütte zur Talstation des Sessellifts, Almweg hinauf zur Dürrnbachalm u. weiter zur Bergstation. Von dort steiniger, aber leichter Pfad durch Latschen hinauf zum Gipfel (2.30 Std. hin und zurück). Oder mit Sessellift verkürzen, dann 45 Min. hin und zurück).

Fellhorn, 1765 m, leichter Bergpfad über Bergwiesen; Anstieg vom Straubinger Haus ¾ Std., Abstieg 30 Minuten; insg. 1.30 Std. (s. Tour 35).

Karten: Freytag & Berndt WKD 9 »Chiemsee – Traunstein – Ruhpolding – Chiemgauer Alpen und Seen«, WK 301 »Kufstein – Kaisergebirge – Kitzbühel« und WK 393 »Loferer und Leoganger Steinberge«, alle 1:50.000; Landesamt für Digitalisierung, Breitband und Vermessung Bayern Blatt »Chiemsee – Chiemgauer Alpen«, 1:50.000.

1. Tag: Laubau – Heutal – Winklmoosalm (Traunsteiner Hütte)

Vom **Wanderparkplatz Laubau (1)** beim Holzknechtmuseum wandern wir auf der breiten Forststraße 10 Minuten auf die Berge zu, biegen dann rechts ab und treffen bei der »Fuchswiese« auf die parallel verlaufende Forststraße; dieser folgen wir links weiter ins dicht bewaldete Fischbachtal, das von steilen Bergflan-

ken eingefasst ist. Am Ende der Forststraße befindet sich ein Wendeplatz für Wirtschaftsfahrzeuge aber auch für Kutschen und Schlitten im Winter. Wir aber können weitergehn und folgen dem ausgeschilderten Wanderweg in Richtung »Heutal«. Bald geht es nach links über einen Steg und in steilen Serpentinen bergwärts. Wir passieren den sprühenden **Staubfall (2)**, der direkt über uns hinweg ins Tal fällt, und auf gesichertem Steig weiter oben den Fischbachfall. Von dort ist es nicht mehr weit zur Hochfläche des Heutals (Achtung: Mehrmaliger Grenzübertritt auf dieser Route! Heißt: Wir müssen unseren Ausweis dabei haben!). Hier genießen wir den herrlichen Blick auf die Loferer Steinberge. Am Wiesenrand schlendern wir nun weiter bis zur Asphaltstraße, die von Unken herauf führt und hier endet. Wir halten uns rechts und wandern zum **Gasthaus Heutal (3)**, schön gelegen in diesem

stillen Hochtal. Von hier folgen wir den Ausschilderungen zur Winklmoosalm. Der sogenannte »Landweg«, ein alter Übergang zwischen Bayern
und Tirol, führt uns bequem und ohne große Höhenunterschiede – nur zu
Beginn gibt es einen leichten Anstieg zum Herbstkaser – überwiegend
durch Wald hinüber zu diesem großen Almgebiet mit ihren zahlreichen
Einkehrmöglichkeiten. Angekommen auf der **Winklmoosalm (4)** geht es
rechts haltend auf einem Fahrweg kurz hinauf zur **Traunsteiner Hütte (5)**,
einer Unterkunftshütte des Deutschen Alpenvereins, die am Fuß des
Dürrnbachhorns liegt und wo wir übernachten werden. Für den Wegverlauf dieser Etappe vgl. auch Tour 18. Wer möchte, kann von der Traunsteiner Hütte aus einen Abstecher zum Dürrnbachhorn unternehmen (s. Infokasten). Nachdem wir auf unserer bisherigen Strecke nur wenig Aussicht

Die letzten Meter beim Aufstieg zum Dürrnbachhorn.

genossen haben, sollte dieser Gipfelabstecher fast Pflicht sein. Zudem kommt uns entgegen, dass für die ersten zwei Drittel des Weges ein Sessellift den Aufstieg verkürzt. Der Panoramablick vom Gipfel und der Tiefblick auf die Seen am Gipfelfuß auf der Nordseite sind ein Highlight auf dieser Tour.

2. Tag: Winklmoosalm – Möseralm – Brennhütte – Durchkaseralm – Eggenalm (Straubinger Haus)

Wir wandern das kurze Stück zur **Winklmoosalm (4)** hinab und folgen links dem breiten Hinweg. Bald müssen wir uns aber rechtshaltend (geradeaus) auf dem Wirtschaftsweg zunächst in Richtung Muckklause wandern, dann seitlich am Scheibelberg vorbei zum **Berggasthaus Möseralm (6)**. Der Weg steigt nun wieder etwas an zu einer Kammhöhe. Jenseits hinab und auf dem Wirtschaftsweg zur **Stallenalm (7)** und weiter zum **Wanderparkplatz Steinplatte (8)**. Am oberen Ende des Parkplatzes biegen wir rechts in einen Almfahrweg (Mark. Ea 4, 201) ein; im Auf und Ab wandern wir weiter zur **Durchkaseralm (10)** – Abstecher zur aussichtsreichen Einkehr »**Brennhütte**« (9), die etwas unterhalb des Weges liegt, ca. 20 Minuten hin und zurück. Bei der Durchkaseralm halten wir uns links, wandern durch das Almdorf und folgen dann einem markierten Bergweg über Almwiesen und durch Latschenfelder bis an den Fuß des Eggenalmkogels, der dem gesamten Gebiet seinen Namen gegeben hat. Links auf schmalem Steig (eine Seilsicherung) an diesem vorbei, und leicht ansteigend hinauf zur **Hochtrittalm (11)**, 1600 m. Von ihr leitet uns ein Almfahrweg über einen Sattel hinweg und kurz wieder hinab zum **Straubinger Haus (12)** auf der Eggenalm (gesamter Wegverlauf für diese Etappe siehe auch Tour 35). Ein kurzer Abstecher zum Fellhorn auf leichtem Wanderweg wäre ein schöner Tagesabschluss (s. Infokasten). Da unsere Übernachtungshütte nur wenig unterhalb liegt, können wir sogar ohne schlechtes Gewissen den Sonnenuntergang genießen; bei freiem Blick nach Süden und hinab ins Kössener Tal.

3.Tag: Eggenalm – Hindenburghütte – Blindau – Reit im Winkl

Vom **Straubinger Haus (12)** wandern wir ein kurzes Stück auf dem Hinweg zurück und folgen dann links dem markiertem Almweg über freies Gelände links hinauf zu einem Sattel. Jenseits hinab zu einer Wegverzweigung (Grenzübertritt); rechts ginge es zur Oberen Hemmersuppenalm, wir aber nehmen den linken, steilen Weg (Filzenweg) hinab und gehen dann durch ein ausgedehntes Hochmoor (evtl. etwas morastig) bis zu einem geteerten Fahrweg. Hier links weiter nahezu eben weiter zum **Hindenburghaus (13)**. Von dort führt ein für den öffentlichen Verkehr gesperrter Wirtschaftsweg hinab nach **Blindau (14)**, dort auf Straße weiter zur B 305 (Deutsche Alpenstraße) bzw. links haltend durch Wiesen ins Ortszentrum von **Reit im Winkl (15)**. (Wer sich den 90-minütigen Weg auf der Straße sparen möchte, kann den Pendelbus vom Hindenburghaus nach Reit im Winkl nehmen. Zurück zum Ausgangspunkt in **Laubau** mit dem Oberbayernbus – siehe Infoblock. Den Wegverlauf für diese Tagesetappe vgl. auch Tour 32.)

Blick über die Winklmoosalm auf die Loferer Steinberge.

60 *Die große Prientalrunde*

5 Tage

Mehrtagestour durch die westlichen Chiemgauer Alpen

Einige der markantesten Gipfel der Chiemgauer Alpen – die Kampenwand, der Geigelstein, der Spitzstein und die Hochries – befinden sich im westlichen Teil des beliebten Voralpengebirges; sie lassen sich bei einer Wanderung über fünf Tage zu einer prächtigen Höhenrunde miteinander verbinden. Nur einmal müssen wir die Höhe verlassen und das Priental durchqueren. Das lässt sich verkraften, denn das tun wir beim kleinen, aber reizvollen Bauerndorf Sachrang, dem Wendepunkt unserer Runde. Vorteil auf für diejenigen, die nicht genügend Zeit oder Kondition haben, diese Tour in einem Schwung zu bewältigen, denn von hier aus bringt uns der Oberbayernbus nach Hohenaschau zurück. Auf unserer Route liegen drei der sieben Alpenvereinshütten der Chiemgauer Alpen; dazu vier weitere Privathütten mit Übernachtungsmöglichkeit. Alle haben ihren eigenen Charakter und ihr eigenes Publikum: Die Riesenhütte gilt als eine der beliebtesten Familienhütten im Voralpenraum; das Spitzsteinhaus setzt mehr auf Tagesausflügler; die Priener Hütte ist Anlaufpunkt für alle Mountainbiker rund um das Priental; die Sonnenalm auf der Kampenwand ist das Unterkunftshaus für Weitwanderer. Aber natürlich sind dort alle Wanderer willkommen. Diese Tour setzt wegen ihrer Gesamtlänge zwar einiges an Kondition voraus, die zu bewältigenden Bergwege sind aber für jeden halbwegs geübten Bergwanderer gut machbar. Großer Vorteil auch: Wir wandern auf schönen Bergwegen und müssen nur gelegentlich auf Forstwege ausweichen.

Talort: Aschau im Chiemgau, 615 m.
Ausgangs- und Endpunkt: Hohenaschau, 620 m. Parkplatz an der Talstation der Kampenwandbahn bzw. auf der Nordseite des Schlosses in Hohen-

aschau. Beschränkte Parkmöglichkeit am Bergfuß, am Anstiegsweg zur Hofalm, am westlichen Ortsrand. Oder mit der Bahn bis Prien, dann Chiemgaubahn bis Aschau; von dort weiter zu Fuß über

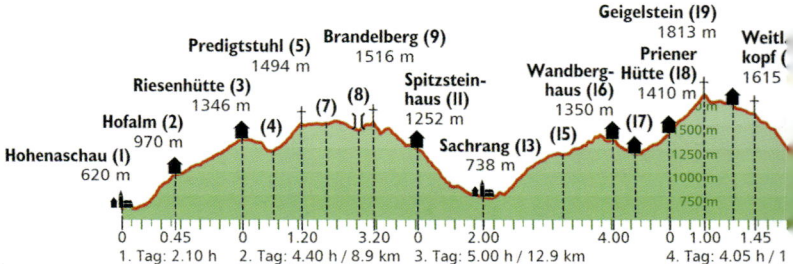

die Schützenstraße und die Zellerhornstraße nach Hohenaschau (ca. 30 Min.) oder mit Bus nach Hohenaschau.

Höhenunterschied: 2250 Hm im Aufstieg, 2230 Hm im Abstieg.

Anforderungen: Lange Höhenwanderung mit Abstieg ins Tal nach der Halbzeit in Sachrang; dort kann die Tour auch beendet werden (Rückkehr nach Hohenaschau mit Bus). Wanderung problemlos, nur an einigen Passagen Trittsicherheit erforderlich. Bergwanderwege und -pfade, zum Teil Wirtschaftswege.

Bergbahn: Abstieg am Ende ggf. mit der Kampenwandbahn (Bergstation 1450 m, Talstation 620 m), Mai-Nov. tägl. 8.30-17 Uhr, im Hochsommer etwas länger. Tel. 08052/4411.

Einkehr/Übernachtung: Hofalm, 970 m (im Sommer bew., Do. Ruhetag); Frasdorfer Hütte, 950 m (priv., nahezu ganzj. bew., Mo. u. Di. Ruhetag, 4 Betten, 46 Lager; Tel. 08052/ 5140, www.frasdorferhuette.de); Riesenhütte, 1346 m (AV-Hütte, Kat. II, zur Zeit geschlossen wegen Umbau; Tel. 08052/2921); Spitzsteinhaus, 1263 m (AV-Haus, Kat. II, ganzj. bew., 20 Betten, 40 Lager; Tel. 0043/ 5373/8330, www.spitzsteinhaus.info); Wildbichler Alm, 1000 m (priv., Mai bis Okt. bew.); Wandberghaus, 1350 m (priv., ganzj. bew., nicht Nov. bis Weihn., Mi. Ruhetag, jedoch nicht zwischen Mitte Juni und Ende Sept., 40 Schlafplätze; Tel. 0043/664/4321770); Ackeralm, 1200 m (im Sommer einf. bew.); Priener Hütte,

1410 m (AV-Hütte, Kat. II, ganzj. bew. außer Spätherbst und Frühjahr, 43 Betten, 54 Lager; Tel. 08057/428, www.dav-priener-huette.de); Roßalm, 1661 m (im Sommer einf. bew.); Hofbauernalm, 1379 m (Mitte Juni bis Mitte Sept. einf. bew.); Möslarnalm, 1450 m (im Sommer einf. bew.); Sonnenalm, 1469 m (Berggh., ganzj. bew., Mitte Nov. bis Weihn. sowie April geschl., 72 Betten; Tel. 08052/4411); Steinlingalm, 1473 m (ganzj. bew., Mo. Ruhetag; Tel. 08052/909870); Schlechtenbergalm, 1280 m (nahezu ganzj. bew.); Gorialm, 1250 m (ganzj. bew., im Mai nur Sa./So.); Liftstüberl, 1170 m (priv., ganzj. bew., Mi. Ruhetag, Tel. 08052/9064429).

Gipfelabstecher: Spitzstein, 1596 m, im Gipfelbereich rauher Bergsteig, daher Trittsicherheit erf.; Anstieg vom Spitzsteinhaus in 1 Std. auf ausgeschildertem Bergpfad durch freien Südhang; dann durch lichten Wald in Kehren hinauf zum Gipfel; Abstieg 30 Min. (s. Tour 54).

Breitenstein, 1661 m, Bergpfad, Trittsicherheit erf., Anstieg von der Priener Hütte 1 Std., Abstieg 30 Min., Übergang zum Geigelstein 30 Min.

Geigelstein, 1813 m, Wanderweg und Bergsteig, Trittsicherheit erf.; Anstieg von der Priener Hütte 1.30 Std. über die Rossalm und die Weidehänge und über den Nordgrat, Abstieg 1 Std.

Kampenwand (Ostgipfel), 1669 m, Trittsicherheit und Schwindelfreiheit erf., ein ausgesetztes Stück mit Drahtseil gesichert, Eisenbrücke am Gipfel, Anstieg von der Steinlingalm 45 Min., Abstieg 30 Min.

Karten: Freytag & Berndt WKD 9 »Chiemsee – Traunstein – Ruhpolding – Chiemgauer Alpen und Seen«, 1:50.000; Landesamt für Digitalisierung, Breitband und Vermessung Bayern Blatt »Chiemsee – Chiemgauer Alpen«, 1:50.000.

Hinweis: Übergang von der Priener Hütte zur Dalsenalm von Anf. Nov. bis Ende März aus Gründen des Naturschutzes gesperrt (Brutzeit der seltenen Schneehühner und anderer Vogelarten).

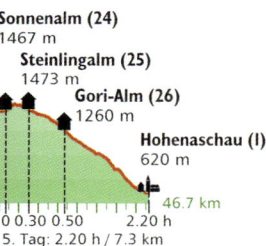

Sonnenalm (24) 1467 m
Steinlingalm (25) 1473 m
Gori-Alm (26) 1260 m
Hohenaschau (I) 620 m

0 0.30 0.50   2.20 h   46.7 km
5. Tag: 2.20 h / 7.3 km

1. Tag: Hohenaschau – Hofalm – Riesenhütte

Vom großen Parkplatz unterhalb der Burg in **Hohenaschau (1)** folgen wir dem Sträßchen zum Bergfuß, halten uns dort rechts und sogleich wieder links, wo der ausgeschilderte Anstiegsweg zur Hofalm beginnt. Ein schmaler, schattiger Wirtschaftsweg führt uns in Kehren durch Wald hinauf zur freien Fläche der bewirtschafteten **Hofalm (2)**. Dort links vorbei und nach 150 Metern wiederum links vom Almfahrweg ab, um den reizvolleren Abkürzer zu nehmen. Etwas oberhalb treffen wir dann wieder auf den Wirtschaftsweg und erreichen auf diesem – vorwiegend durch Wald – eine große Almwiese, wo im Sommer Jungvieh weidet. Hier steht auch die **Riesenhütte (3)**, eine gemütliche Alpenvereinshütte, wo wir unser Nachtlager aufschlagen werden (Wegverlauf dieser Etappe siehe auch Tour 51).

2. Tag: Riesenhütte – Klausen – Spitzsteinhaus

Von der Riesenhütte queren wir die Wiese in Richtung Hochries, die sich südwestlich davon befindet. Am Ende zweigt links ein Wanderweg ab, der uns in Kehren in ein kleines Hochtal hinab führt. Wir treffen auf einen Fahrweg, halten uns dort links, gehen an einer Hütte der **Bergwacht (4)** vorbei und verlassen den Weg kurz dahinter. Ein Pfad leitet uns nun rechts haltend – noch vor der Abergalm – über einen Hang hinauf zum **Predigtstuhl (5)**, 1494 m. Auf dem Bergkamm wandern wir weiter Richtung Süden zum **Klausenberg (6)**. Diesen wenig ausgeprägten Gipfel können wir entweder überschreiten oder seitlich passieren; fallend geht es dann hinab zur unbewirtschafteten **Klausenhütte (7)**, die jedoch trotzdem ein guter Platz zum Rasten und Brotzeitmachen ist.

Der Weiterweg ist auch hier moderat. Wir wandern auf markiertem Weg über die Bergwiesen hinab Richtung **Feichtenalm (8)**, dann an dieser vorbei an den Fuß des **Brandelbergs (9)**. Hier ist Trittsicherheit gefragt: Unser Weg führt nun durch Wald und auf bzw. seitlich des Bergkamms bis an den Gipfelaufbau des Spitzsteins heran. Diesen umgehen wir jedoch nach links auf einem interessanten

Tiefblick auf das Spitzsteinhaus.

Steig. Vorbei an seinen felsigen Ostabbrüchen wandern wir hinab durch eine mit Felsbrocken und Geröll gesprenkelte Berglandschaft zur **Aueralm (10)**. Von dort auf dem Almfahrweg zum nur wenig tiefer gelegenen **Spitzsteinhaus (11)**, wo wir unsere zweite Nacht verbringen und eventuell einen Abstecher zum Spitzstein unternehmen (s. Infokasten).

3. Tag: Spitzsteinhaus – Wandberghaus – Priener Hütte

Zwei Wege führen vom Spitzsteinhaus hinab nach Sachrang; wir nehmen die Route über Mitterleiten, denn der Weg über die Mesneralm führt ein Stück durch Unterholz und bietet wenig Aussicht. Vom Alpenvereinshaus also zunächst ein Stück auf dem Fahrweg talwärts, bis links der Wanderweg nach Mitterleiten abzweigt. Nach einer Viertelstunde verzweigt sich der Weg wieder, wir halten uns links und wandern durch Wald und Wiesen hinab nach **Mitterleiten (12)**. Nun nicht lange weiter auf dem Fahrweg nach Sachrang, sondern wir verlassen diesen nach wenigen Minuten nach rechts und wandern über einen steilen Hang hinab. Wir treffen auf eine Fahrstraße, auf der wir nach links in das Dorf **Sachrang (13)** hineinwandern. Am südöstlichen Ende verlassen wir den Ort, queren die **Staatsstraße** und gehen vor zum großen Wanderparkplatz. Kurz dahinter zweigt rechts ein Wanderweg ab, der uns steil hinauf zur **Wildbichler Alm (14)** bringt (die bewirtschaftete Alm liegt etwas unterhalb, Abstecher von wenigen Minuten auf dem Fahrweg). Nun zurück und auf einem ausgeschilderten Almfahrweg bergwärts zur **Rettenbachalm (15)**. Bei der Wegverzweigung dahinter rechts weiter (links nur der Fahrweg zum Wandberghaus). Wir wandern um den Wandberg herum bis zu den Wandbergalmen und hinüber zum **Wandberghaus (16)**. Nun den

Almfahrweg abwärts, bis rechts der Verbindungsweg zur Ackeralm abzweigt. Ein Stück bergan, dann weiter durch Wald und hinab zur **Ackeralm (17)**, wo wir ebenfalls einkehren können. Von ihr führt ein schmaler Wiesenweg, vorbei an einem kleinen Weiher, zur etwas oberhalb gelegenen **Priener Hütte (18)**. Als kurze Feierabendtour mit Sonnenuntergang bietet sich eine Gipfeltour zum Geigelstein an (2 Std. hin und zurück). Zum Wegverlauf dieser Etappe vgl. auch Tour 53 und 54.

4. Tag: Priener Hütte – Geigelstein – Sonnenalm (Kampenwandhaus)
Von der Ostseite der Priener Hütte führt rechts ein Pfad (Mark. 208) in den Sattel zwischen Breitenstein und Geigelstein. Dort links durch die schrofige Südflanke des **Geigelsteins (19)** zum Gipfel. Jenseits wieder hinab in den Sattel vor dem Wandspitz, wo uns eine Tafel rechts den Weg über die Hochfläche zur **Roßalm (20)** – Einkehr – weist. Auf dem ausgeschilderten Wanderweg hinab in die Mulde unterhalb des Tauron und rechts durch die freien Hänge hinauf zum **Weitlahnerkopf (21)**. Mit Blick auf die zackigen Felsen der Kampenwand folgen wir dem steilen Pfad zunächst in Serpentinen, dann in gerader Linie hinab zu den **Dalsenalmen (22)**. Bei der Wegverzweigung kurz davor links zu einem Sattel und rechts hinauf dem markierten Pfad Richtung Hofbauernalm/Kampenwand folgen, wobei wir einen Forstweg queren. Nun überwiegend durch Wald zur **Hofbauernalm (23)**, wo wir einkehren können. Rechts haltend über freies Gelände unterhalb der Mehlbeerwände, dann wandern wir seitlich an der Scheibenwand vorbei hinauf Möslarnalm und weiter zum **Berggasthof Sonnenalm (24)** – wie das Kampenwandhaus nun heißt –, der sich etwas oberhalb der Bergstation der Kampenwandbahn befindet. Von hier könnten wir nun bequem zu Tal schweben. Reizvoller ist es aber, entweder gleich anschließend oder am nächsten Tag den aussichtsreichen Weg ins Tal zu wandern (Abstieg 2.20 Std.). Zum Wegverlauf dieser Etappe siehe auch Tour 41.

5. Tag: Sonnenalm – Hohenaschau
Von der Sonnenalm wandern wir auf dem breiten Panoramaweg zunächst ansteigend zu einem Sattel, dann leicht fallend mit grandiosen Ausblicken auf den Chiemsee und das Alpenvorland hinüber zur **Steinlingalm (25)**. Dort kann man zwar nicht mehr übernachten, sie gehört aber immer noch zu den beliebtesten Einkehrstellen am Weg. Hier ist für geübte und schwindelfreie Berggeher der Gipfelabstecher auf die **Kampenwand** ein »Muss« (1.15 Std. hin und zurück, s. Infokasten). Von der Steinlingalm aber nun auf dem Wirtschaftsweg talwärts – dem sogenannten »**Reitweg**« – . Bei der Wegverzweigung nach der Bergwachthütte halten wir uns rechts. Vorbei an weiteren Einkehrmöglichkeiten, der Schlechtenbergalm, der **Gorialm (26)** und dem Liftstüberl. Der breite Reitweg leitet uns immer weiter ins Tal, bis links der ausgeschilderte Wanderweg abzweigt. An der Geißstiegwand vorbei zieht sich unser Weg hinab. Zuletzt geht es auf Nebensträßchen nach **Hohenaschau (1)**, unserem Ausgangsort. Zum Wegverlauf dieser Etappe s. auch Tour 49.

Stichwortverzeichnis

Fetznhof – Hoamatgefühl – Berglust

Fetznhaus Chiemsee

Wir sind Klein aber unsere Leidenschaft und die Natur macht uns ganz groß und nicht nur als Wanderhof.
Erleben Sie ein Gefühl ehrlicher Gastfreundschaft und Ihre Freizeit am Puls

der Natur. Himmlisch träumen Sie in unseren Bauernbetten, im Zimmer oder der Ferienwohnung, überwiegend auf der Sonnenseite, mit Bergtraumkulisse. Bayerische Gastlichkeit finden Sie in allen Räumen, kombiniert mit bestem Komfort. Lassen Sie sich zusätzlich Verwöhnen mit kulinarischen Gaumenfreuden.
Wir bieten so viel für kleine Bergvagabunden, passionierten Wanderfüchsen und Bergsportlern aller Art.
Gerne schnüren wir Ihnen Ihr Wanderpaket.
Herzlich Willkommen bei uns Daheim im schönen Chiemgau!

Familie Stefan Gasteiger · Fetznweg 16 · 83224 Grassau
Telefon 08641/69 97 70 · Telefax 08641/18 09
Homepage www.fetznhof.com · E- Mail fetznhof@t-online.de

...der Sonne entgegen.

KAMPEN WAND *Aschau* **BAHN**

An der Bergbahn 8 • 83229 Aschau
08052 / 44 11 • www.kampenwand.de

WK D9
Wander-Rad-Freizeitkarte
Chiemsee
Traunstein
Ruhpolding
Chiemgauer Alpen und Seen
1:50 000

freytag & berndt
www.freytagberndt.com
Besuchen Sie unseren Webshop

WK 301
Wander-Rad-Freizeitkarte
Kufstein
Kaisergebirge
Kitzbühel
1:50 000
freytag & berndt

WK 393
Wander-Rad-Freizeitkarte
Loferer und Leoganger Steinberge
Chiemgauer Alpen
Nationalpark Berchtesgaden
1:50 000
freytag & berndt

Erhältlich auch in jeder gut sortierten Buchhandlung

WIEN · MÜNCHEN · PRAHA · BRATISLAVA · BUDAPEST · LJUBLJANA · MADRID

Wander-arrangement

3 Nächte inkl. Halbpension, Wanderbrotzeit, 25 EUR Wellnessgutschein & Wanderapotheke

ab 321,- EUR pro Person

Gut Steinbach
REIT IM WINKL

Willkommen auf Gut Steinbach

tdecken Sie alte Werte ganz neu für sich: Heimat. Familie. Natur. Zusammengehören. Einander vertrauen. Gemeinsam wunderschöne Tage und Stunden verbringen.

Auf Gut Steinbach in Reit im Winkl erwarten Sie 55 umfangreich revitalisierte Zimmer und Suiten, eine großzügige Spa- und Saunalandschaft, vier liebevoll dekorierte Stuben mit alpinem Flair sowie ein exklusiver Konferenzbereich mit einzigartigem Panoramablick.
Freuen Sie sich auf erstklassige kulinarische Erlebnisse mit der regionalen Küche von Achim Hack und seinem Küchen-Team.

Wir heißen Sie herzlich willkommen!

Steinbachweg 10 · 83242 Reit im Winkl Telefon 0 86 40 · 807-0 · Fax 0 86 40 · 807-100 · www.gutsteinbach.de

Rother TourenApp

Holen Sie sich unsere Wanderführer als App!

So funktioniert es:

→ Kostenlose Rother App vom App Store bzw. Google Play Store laden

→ In den Tourenlisten der Guides stöbern – die Anzahl der Guides wird stetig erweitert

→ Bis zu fünf vollwertige Beispieltouren aus jedem verfügbaren Guide unbegrenzt testen

→ Bequem direkt aus der Rother App den gewünschten Guide komplett erwerben*

* je nach Guide 4,99-9,99 €

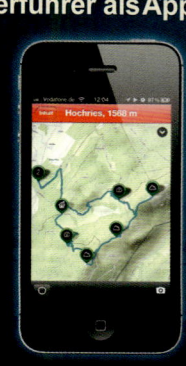

www.rother.de/app

MARQUARTSTEIN

Die familienfreundliche Bergbahn im Chiemgau

Bei Familien fahren das zweite und alle weiteren Kinder kostenlos!

Wandern, Drachenfliegen, Aussicht genießen.

Kostenlose Parkplätze an der Talstation.

NEU: Bergwalderlebnisweg Staffen

Steig dem Chiemgau aufs Dach HOCHPLATTENBAHN

Mit der Gästekarte Ermäßigung auf Berg- & Talfahrt

Betriebszeit: Sommer 9.00 -17.00 Uhr
Winter: Infotelefon 08641-7216 / 699558
www.hochplattenbahn.de

Bergwalderlebnisweg Staffen

Umschlagbild:
Das Berggasthaus Streichen oberhalb von Schleching,
im Hintergrund der Geigelstein.

Bild im Innentitel:
Blick von der Laubau auf die Hörndlwand.

Alle Fotos vom Autor.

Kartografie:
60 Wanderkärtchen im Maßstab 1:50.000 und 1:75.000
sowie zwei Übersichtskarten im Maßstab 1:300.000 und 1:550.000
© Freytag & Berndt, Wien

Die Ausarbeitung aller in diesem Führer beschriebenen Wanderungen
erfolgte nach bestem Wissen und Gewissen des Autors.
Die Benützung dieses Führers geschieht auf eigenes Risiko.
Soweit gesetzlich zulässig, wird eine Haftung für etwaige Unfälle
und Schäden jeder Art aus keinem Rechtsgrund übernommen.

9., vollständig überarbeitete Auflage 2015
© Bergverlag Rother GmbH, München

ISBN 978-3-7633-4109-2

Wir freuen uns über jeden Korrekturhinweis zu diesem Wanderführer!
BERGVERLAG ROTHER · München
D-82041 Oberhaching · Keltenring 17 · Tel. (089) 608669-0
Internet www.rother.de · E-Mail leserzuschrift@rother.de